AF269819

CONVIERTE EL ENFADO EN TU ALIADO EN 21 DÍAS

Entrenamiento emocional a la luz de la crianza

Conquista una crianza consciente, sin gritos y con amor incondicional

INMA BUITRAGO

CONVIERTE EL ENFADO EN TU ALIADO EN 21 DÍAS

Entrenamiento emocional a la luz de la crianza

Conquista una crianza consciente, sin gritos y con amor incondicional

Editorial OB STARE

Puede consultar nuestro catálogo en www.obstare.com

CONVIERTE EL ENFADO EN TU ALIADO EN 21 DÍAS
Inma Buitrago

1.ª edición: marzo de 2022

Corrección: *Sara Moreno*
Diseño de cubierta: *TsEdi, Teleservicios Editoriales, S. L.*
Imagen de cubierta: *África Mirapeix Rosado (2018)*

© 2022, Inma Buitrago
(Reservados todos los derechos)
© 2022, Editorial OB STARE, S. L. U.
(Reservados los derechos para la presente edición)

Edita: OB STARE, S. L. U.
www.obstare.com | obstare@obstare.com

ISBN: 978-84-18956-05-8
Depósito Legal: TF-28-2022

Impreso en SAGRAFIC
Passatge Carsí, 6 - 08025 Barcelona

Printed in Spain

A mi hija África, mi maestra.

Agradecimientos

Quiero agradecer a mi hija África el haberme abierto la puerta a ser una persona mejor, con más consciencia, comprensión y respeto hacia mí, hacia las niñas y los niños y hacia el mundo. Gracias por elegirme como mamá, eras y eres perfecta para mi crecimiento. Te amo.

También quiero agradecer a mi marido Guillermo el apoyarme silenciosamente en cada proyecto que acometo, sin él no habría llegado tan lejos. Gracias, te amo.

Por supuesto, tengo que nombrar a Tino Fernández Valls por descubrirme, a través del Coaching Estratégico, el camino para dejar a un lado la ira. Y del cual aprendí mucho de lo que hoy es mi forma de trabajar y acompañar. De hecho, este programa de entrenamiento emocional recoge muchos de los conocimientos que transmite con integridad, pasión y generosidad. Gracias por tanto.

También quiero dar las gracias a Andrea Rodríguez, además de por su colaboración como psicóloga perinatal e infanto-juvenil revisando en este libro cada palabra y frase, por su amistad, apoyo y confianza. Eres una persona y profesional admirable. Gracias de corazón.

Quiero agradecer a Raquel Parra Valls, psicóloga en intervención familiar y amiga, su apoyo e impulso en este último tramo de publicación. Gracias por ser y por estar.

Y por último, pero no menos importante, quiero agradecer a todas las madres que se atrevieron a confiar y caminar de mi mano en este proceso de convertir el enfado en su aliado, sin su compromiso y sus testimonios no tendría el mismo valor este entrenamiento. A todas, gracias desde el corazón.

Prólogo

En las familias, una pregunta que surge con frecuencia es si estaremos educando bien a nuestras hijas e hijos. Nos cuestionamos si somos demasiado permisivas o demasiado autoritarias. Si nuestros hijos e hijas saben lo que necesitamos de ellos y ellas. Si tenemos derecho a pedir y hasta dónde.

Para dar respuestas, Inma ha creado este entrenamiento que ahora podemos leer en formato libro. El objetivo en la crianza no es conseguir que el niño o la niña haga lo que nosotras queremos o estar siempre centrados en el futuro, sino que el argumento central de los cuidados debería ser «hago esto porque nuestras hijas e hijos lo merecen». No tenemos que cambiar a nuestras hijas e hijos o eliminar sus enfados, debemos aprender a acompañarlos, ayudando a que puedan expresar sus emociones, descubriendo nuevas formas para ello e influyendo positivamente en ellos y ellas desde esta postura.

La mayoría criamos como hemos visto y vivenciado. Es muy difícil romper las creencias preconcebidas y a veces resulta confuso distinguir entre la información que nos encontramos. Es necesario que cada familia haga el ejercicio de cuestionarse y revisarse y, en ocasiones, es una conversación con una amiga o amigo la que «nos abre los ojos».

La ira no es más que otra versión del miedo, ya que nos lleva a las mismas conductas: evitación, huida… En muchas ocasiones, la violencia surge de las expectativas no cumplidas; si somos capaces de expresar esa frustración de otro modo, el desenlace será diferente. Aprender a aceptar y expresar con asertividad hará que cambie la relación dentro de la familia.

Mi experiencia personal con Inma parte del taller *online* en 2017 «Gestiona tu enfado y acompaña el de tus hij@s» (hoy este taller forma parte del programa «De la ira al amor»), en el cual participé y del que me llevé grandes aprendizajes sobre herramientas, pero, sobre todo, sobre mí misma. Desde ese momento he seguido a la autora de manera profesional y personal; todavía hoy resuenan en mi mente frases que le escuché, conocimientos que me transmitió y descubrimientos que hice de mí misma.

Para Inma es una preocupación fundamental el poder ayudar a las familias a ampliar su capacidad de tomar decisiones. El entrenamiento nace de la intención de conseguir que el enfado sea una emoción que se acepte, se respete y se acompañe. Después de haber sido realizado por más de doscientas personas, lo transcribe para poner al alcance de todas las personas su contenido. Como valor añadido, las personas que estáis ahora leyendo el libro podréis entrar a formar parte de una comunidad donde compartir vuestras experiencias y dificultades en la crianza y acceder a los audios originales de este entrenamiento. (*Ver* página 16)

En palabras de Inma: «Yo no puedo garantizar que cambies por leer el libro, pero sí se dará un cambio cuando, además de leer, te impliques y realices un trabajo personal».

Andrea Rodríguez
Psicóloga perinatal e infanto-juvenil

Introducción

«Cualquier persona puede enfadarse, eso es algo muy sencillo. Pero enfadarse con la persona adecuada, en el grado exacto, en el momento oportuno, con el propósito justo y del modo correcto, eso, ciertamente, no resulta tan sencillo».

ARISTÓTELES, *Ética a Nicómaco*

Este entrenamiento (pero en formato audio) fue realizado, a través de grupos de WhatsApp, entre los años 2018 y 2019 por más de doscientas personas, mayoritariamente madres. Al final del libro podrás leer muchísimos testimonios de lo que supuso esta experiencia. El impacto que vivieron estas familias me motivó a querer llevar este entrenamiento a más familias, por eso hoy lo tienes entre tus manos en formato de libro (electrónico o de papel).

A través de este entrenamiento vas a descubrir que el enfado es una emoción natural, normal y necesaria. Que, sobre todo en crianza, tiene muy mala prensa. No nos gusta experimentarla porque no sabemos gestionarla ni acompañarla.

Sin embargo, el enfado es una emoción tan necesaria como las demás. Y me atrevería a decir que es una emoción que si la conocemos, si nos permitimos reconocerla, podemos aprender muchísimo de ella. Tanto que puede convertirse en un aliado en nuestra vida, en nuestras relaciones, en especial en la relación con nuestras hijas e hijos.

Quiero ayudarte a que inicies una comunicación totalmente diferente con tus hijos e hijas. Y este cambio comienza con una mejor gestión de tus enfados.

No vamos a tratar de cambiar a tus hijos e hijas ni sus comportamientos. VAS A CAMBIAR TÚ. Porque cuando una sola persona se mueve, las personas de nuestro alrededor se mueven.

La expresión inadecuada del enfado lo embarra todo. Hace que la alegría, el amor y la felicidad salten por la ventana de nuestro hogar. Y solamente se quede ese momento malo, inundando todo lo que ha sucedido durante el día.

Ocurre que cuando nos enfadamos y gritamos, reprochamos, amenazamos… todo se embarra, todo se nubla, ya no hay momentos buenos antes ni momentos buenos después.

Por eso esta expresión tan negativa, tan desadaptativa del enfado la tenemos que modificar, gestionar.

Este entrenamiento que te propongo, *Convierte el enfado en tu aliado en 21 días,* te va a dar mucha información sobre la función y la intención positiva del enfado, sobre tu sistema de creencias, valores, reglas y normas, sobre tus necesidades emocionales… y vas a comenzar a cambiar tu enfoque, a desterrar la paciencia y construir la comprensión desde el corazón. Vas a reconectar con el amor que sentías por tu hija, por tu hijo, la primera vez que lo tuviste en brazos.

Es un entrenamiento que te va a ayudar a comprenderte a ti, a comprender a tus hijas e hijos y a criarlos cómo quieres realmente y no estás consiguiendo.

Recuerda que la expresión inadecuada del enfado es de los problemas más importantes en las familias, en la comunicación con las hijas y los hijos. Los gritos, las etiquetas, los reproches, los castigos merman la confianza y autoestima en tus hijas e hijos, además de romper el vínculo afectivo. Si este problema no lo atajas ahora, cuando llegue la adolescencia te encontrarás con una hija o un hijo con mucho dolor y rabia, con su tanque de amor vacío, y habrás perdido la capacidad de influir desde el amor, quedando sólo la imposición.

¿En qué va a consistir este entrenamiento?

Te propongo que, durante 21 días, cada día:

- Leas el entrenamiento del día (están numerados).
- Aceptes la propuesta de trabajo personal.
- Enfoques tu día a la luz del texto del entrenamiento leído y de la propuesta lanzada.
- Escribas a la noche, en un cuaderno o documento digital (a modo de cuaderno-diario) las respuestas a la propuesta de trabajo.

Escribir ayuda a la consciencia, comprensión, aceptación y transformación (sin lucha, con mucha compasión).

¿Por qué 21 días?

Según la neurociencia, son necesarios 21 días para que se creen nuevas conexiones neuronales. Y un hábito es eso, una nueva conexión neuronal creada por la repetición de una acción. Durante 21 días vas a estar «en modo consciente» atenta a ti, a tu cuerpo, a tus pensamientos y emociones, a tu comunicación… Durante 21 días vas a mirar, ver, oír, escuchar y sentir de otra manera. Todo este entrenamiento consciente va a llevar a convertir el enfado en tu amigo, en tu aliado en tu proceso de autoconocimiento, crecimiento y desarrollo personal a la luz de la crianza, a la luz de la relación que tienes con tus hijas e hijos.

Si bien es cierto que necesitarás más de 21 días para que esto se establezca en tu vida y se convierta en un patrón emocional, en un automatismo.

¿Hay algo más que deba saber?

Sí. La compra de este libro te da acceso a los entrenamientos/ retos diarios en formato audio (en la versión original, tal y como se creó y grabó en 2017).

Puedes descargar los audios de los entrenamientos desde estos enlaces o través de los códigos QR correspondientes:

Día 1:

https://obstare.com/wp-content/uploads/2022/01/DIA-1.mp4

Día 2:

https://obstare.com/wp-content/uploads/2022/01/DIA-2.mp4

Día 3:

https://obstare.com/wp-content/uploads/2022/01/DIA-3.mp4

Día 4:

https://obstare.com/wp-content/uploads/2022/01/DIA-4.mp4

Día 5:

https://obstare.com/wp-content/uploads/2022/01/DIA-5.mp4

Día 6:

https://obstare.com/wp-content/uploads/2022/01/DIA-6.mp4

Día 7:

https://obstare.com/wp-content/uploads/2022/01/DIA-7.mp4

Día 8:

https://obstare.com/wp-content/uploads/2022/01/DIA-8.mp4

Día 9:

https://obstare.com/wp-content/uploads/2022/01/DIA-9.mp4

Día 10:

https://obstare.com/wp-content/uploads/2022/01/DIA-10.mp4

Día 11:

https://obstare.com/wp-content/uploads/2022/01/DIA-11.mp4

Día 12:

https://obstare.com/wp-content/uploads/2022/01/DIA-12-.mp4

Día 13:

https://obstare.com/wp-content/uploads/2022/01/DIA-13.mp4

Día 14:

https://obstare.com/wp-content/uploads/2022/01/DIA-14.mp4

Día 15:

https://obstare.com/wp-content/uploads/2022/01/DIA-15.mp4

Día 16:

https://obstare.com/wp-content/uploads/2022/01/DIA-16.mp4

Día 17:

https://obstare.com/wp-content/uploads/2022/01/DIA-17.mp4

Día 18:

https://obstare.com/wp-content/uploads/2022/01/DIA-18.mp4

Día 19:

https://obstare.com/wp-content/uploads/2022/01/DIA-19.mp4

Día 20:

https://obstare.com/wp-content/uploads/2022/01/DIA-20.mp4

Día 21:

https://obstare.com/wp-content/uploads/2022/01/DIA-21.mp4

Si decides hacer los entrenamientos del libro dedicando varios días a cada uno, te aconsejo que no dejes transcurrir mucho tiempo entre uno y otro. Es muy importante darle continuidad al entrenamiento para que no pierdas su poder transformador. También quiero invitarte a que sigas el orden establecido para que encuentres sentido en todo lo propuesto.

Cuando ya hayas realizado al menos una vez completa todo el entrenamiento puedes trabajar a tu voluntad sobre aquellos retos/entrenamientos en los que más necesites profundizar.

Y por último, te invito a ver los vídeos explicativos de los 5 Pilares de mi Sistema de Crianza con Amor Incondicional A.R.E.C.A., en los que se inspira este entrenamiento.

(https://inmabuitrago.com/crianza-areca/).

Gracias por comprar este libro y por unirte a este programa de entrenamiento emocional. Te invito a que me escribas a info@inmabuitrago.com para contarme lo que piensas de esta obra, lo que te ha aportado. Es una información muy valiosa para mí.

También quiero invitarte a hacerte una foto con el libro, o si hay algún fragmento que te resuena con más intensidad, hazle una foto a esa página y súbela a tus redes etiquetándome @inmabuitragocoaching y para que pueda encontrarte usa los siguientes hastags:

#conviertelenfadoentualiado
#elenfadotualiado

Gracias. Estoy deseando leerte, verte. Feliz día, feliz crianza.

Inma Buitrago

Día 1. Las emociones. El enfado

Comenzamos hablando de las emociones, porque no podemos convertir la emoción del enfado en nuestro aliado si no comprendemos para qué sirve, cuál es su función y cómo opera.

Por eso, hoy como primer día abordaremos la pregunta ¿para qué sirven las emociones?

Las emociones sirven para preparar de forma automática e involuntaria a nuestro cuerpo y a nuestra mente para responder así a una situación de la mejor manera y en el menor tiempo posible. Lo que hace nuestro cerebro es que, cuando recibe una información que proviene del mundo exterior o interior, como puede ser la memoria o la imaginación, se apresta raudo y veloz a evaluar si se trata de una situación que nos va a provocar dolor o placer, y una vez identificado y evaluado el tipo de estímulo, la emoción se enciende e inicia todo el proceso de reacción psicológica, fisiológica y conductual.

Cuando decimos que nos preparan para responder ante un estímulo externo o interno, queremos decir que un estímulo externo es cualquier cosa que ocurre a nuestro alrededor bien por la relación o la interacción con personas o con el entorno en sí; e interno es aquel episodio que las personas evocamos a través de la memoria y la imaginación.

¿Se te ha llevado alguna vez la grúa el coche? En ese momento, normalmente te enfadas, ¿verdad? Yo por lo menos, cuando me ha ocurrido, me he enfadado y a base de bien. Pero ¿qué ocurre cuando recordamos ese momento vivido ya en el pasado, pero que aún lo tenemos fresco, y se lo contamos a alguien? ¿Qué es lo que suele ocurrir? Pues muy fácil, lo que ocurre es que volvemos a sentir la emoción del enfado, que era la que sentimos en aquel momento pasado aunque ya no está ocurriendo.

Las emociones son reacciones ante estímulos externos o internos, ya que el cerebro no distingue entre pensamiento o realidad.

¿Te parece interesante este tema? A mí sí.

¿Para qué sirven las emociones?

Las emociones nos sirven para la supervivencia, la comunicación y la comprensión con las demás especies —la humana, los animales, las plantas—, con cualquier otro ser vivo; nos sirven para almacenar y evocar memoria (como os acabo de explicar con el ejemplo) y nos ayudan a tomar decisiones de manera eficaz, más rápida.

Cada emoción cumple una función específica. Normalmente, todas las emociones nos traen información que nos lleva a actuar (hacer o dejar de hacer algo).

Vamos a ver en concreto la emoción de la ira. La ira es una de las emociones básicas de las seis que Paul Ekman define. ¿Cuáles son esas seis emociones básicas según la clasificación de Paul Ekman? Son: la ira, el miedo, la alegría, la sorpresa, el asco y la tristeza.

Por tanto, la ira es una emoción básica, ¿qué significa? Las emociones básicas son: naturales, innatas y universales. En concreto, la ira tiene como función la autoprotección y la defensa; señala que una situación nos produce desasosiego y debe ser reparada. Es decir, cuando sentimos ira es porque consideramos que estamos siendo agredidas y tenemos que defendernos, lo que nos lleva a una respuesta similar a la del miedo: huida o lucha o parálisis (mostrar una actitud sumisa o intentar pasar desapercibida).

Pero ¿qué es el enfado? ¿Por qué te estoy hablando de la ira y no del enfado? Pues porque el enfado es una emoción secundaria. Las emociones secundarias no son innatas ni universales, es decir, son aprendidas basándonos en nuestra experiencia. Son todas aquellas emociones que no son básicas y que normalmente son producto de la reacción al comportamiento de otra persona. Nos enfadamos por el comportamiento de nuestras hijas y de nuestros hijos y, además, no es una reacción innata y universal, sino que, al ser secundaria, lo que ocurre es que respondemos ante esa situación, nos enfadamos y reaccionamos de la forma en la que hemos aprendido en nuestro entorno.

Muchas veces esa forma de reaccionar está aprendida en la más tierna infancia; de ahí que cobre una especial importancia que nosotras, como madres y padres, gestionemos bien esta emoción y aprendamos a expresarla de forma adecuada, porque así vamos a ayudar a que nuestras hijas e hijos la gestionen y la expresen de forma adecuada. No se enseña a una niña o a un niño por medio de correcciones o explicaciones, sino que aprenden de lo que ven en su entorno, de lo que viven y experimentan en sus hogares y en la escuela. Aprenden de sus referentes afectivos.

Todas las emociones son legítimas, naturales, normales y necesarias, por lo tanto, todas las personas adultas, y las niñas y niños también, tenemos derecho a sentir y a expresar nuestras emociones.

Sobre lo que hay que trabajar es sobre la forma de expresarlas, de forma que la expresión no perjudique a quien la siente (en este caso, nosotras y nosotros, madres y padres) ni a quienes la reciben, es decir, nuestras hijas e hijos.

Esta expresión del enfado, además de no perjudicar, es necesario que sea ecológica, es decir, que sea una expresión sostenible en el tiempo. Porque los gritos, los reproches, las etiquetas, los castigos, las amenazas, los golpes… nos perjudican gravemente a nosotras, madres y padres, por la sensación y emoción de frustración, fracaso y culpa que tenemos; pero sobre todo perjudica a nuestras hijas e hijos, porque se va dañando su autoestima y autoconfianza hasta que la pierden. Y otra cosa que nos preocupa como madres y padres es que la expresión inadecuada del enfado debilite, hasta quebrarse, el vínculo afectivo con nuestras hijas e hijos.

Es natural, normal y hasta necesario sentirse triste, enojado y hasta con miedo de vez en cuando. El problema está cuando alguna de esas emociones se vuelve crónica y la persona pierde el control sobre lo que siente.

Este derecho a enfadarnos es muy importante que nos lo permitamos y se lo permitamos a nuestras hijas e hijos. ¿Cuántas veces nos han negado a nosotras, en la niñez, sentir esta emoción? ¿Y cuántas veces, sin darnos cuenta, se la negamos a nuestras hijas e hijos? Les decimos: «No te enfades por esto que es una tontería», «Pero ¿por qué te enfadas, si eso no es nada?», «No te enfades, no hagas esto». Les negamos el derecho legítimo a sentir. Además, cabe señalar que no nos gusta que se enfaden, entre otros motivos, porque nos contagiamos y nos enfadamos nosotras también. Y sabemos que si nos enfadamos nos salta el piloto automático de ese grito, reproche, cachete...

Realmente, el enfado es una emoción que rechazamos porque de forma generalizada se nos ha negado a nosotras y nosotros también en nuestra infancia y luego en nuestra vida; y al no habernos permitido expresarla explosivamente, tampoco hemos podido aprender a expresarla adaptativamente a través de la gestión emocional.

Respetemos nuestro derecho a sentir y expresar el enfado. Si nos negamos ese derecho, si lo cargamos de un significado negativo, no estaremos gestionando esta emoción, lo que estaremos haciendo es rechazarla, intentando eliminarla o contenerla, y esto, normalmente, acaba llevando a la explosión emocional. Por eso, te decía al principio que las emociones lo que hacen es que abren una vía rápida de respuesta, y como no hemos aprendido a gestionarlas, el enfado abre esa vía rápida, ese patrón aprendido de reacción contra la persona, en lugar de frente al comportamiento. Permitirse sentir la emoción del enfado nos ayuda a reconocerla, a aceptarla, a obtener la información que nos trae, y decidir a actuar, a ser posible, sin perjudicar a nadie y de forma ecológica.

Además, es importante que, desde hoy, cambiemos el significado que le damos a esta emoción. Las emociones no son ni buenas ni malas, ni positivas ni negativas; eso sí, pueden ser agradables o desagradables, pero las emociones negativas no existen. La tristeza, el miedo, la culpa, el asco o el enfado no son emociones negativas, simplemente, como las demás, nos traen información. Es posible que estas emociones nos hagan sentir mal, pero al igual que las otras emociones que tanto tiempo hemos calificado de positivas –la alegría, el amor, la pasión, la sorpresa...– que también nos traen información, ¿nos hacen sentir bien? Claro, aunque sólo nos traen información. Por tanto, todas las emociones pueden ser consideradas positivas, puesto que nos reportan información sobre nuestro sistema de pensamientos, de creencias, de valores, de reglas y de necesidades emocionales.

¿Sabes una cosa?, la respuesta emocional, el cómo reaccionamos, no depende del acontecimiento, de la situación o del comportamiento de tu hija o de tu hijo o de otra persona. Los acontecimientos nos producen emociones y conductas y acciones, pero no todas las personas tenemos el mismo comportamiento ante esa situación. Por tanto, la respuesta emocional no depende tanto de ese acontecimiento sino del sistema de creencias y pensamientos que cada persona tiene. Depende de la interpretación.

Epicteto nos decía que: «no nos afecta lo que nos sucede, sino lo que nos decimos acerca de lo que nos sucede».

Me encantaría que estos días comenzarás a hacer un trabajo de observación de tu interior, de tu diálogo interno, especialmente cuando te enfades con tu hija o con tu hijo. Me gustaría que te observases desde fuera, como quien mira un cuadro, y vieses, oyeses, sintieses lo que te estás diciendo, las frases que vienen a ti. Cuando te enfadas ante un comportamiento o ante una situación con tu hija o con tu hijo, permanece atenta a lo que ocurre en tu cabeza; qué te estás diciendo.

Un ejemplo:
Cuando mi hija tenía menos de 2 años, cuando se manchaba por la mañana yo no me enfadaba: «Venga, hija, no pasa nada», le cambiaba la camiseta y no había ningún pensamiento negativo. Sin embargo, cuando se manchaba por la noche, veía la mancha y, en mi cabeza a mil por hora, pasaban pensa-

mientos como: «Otra vez se ha manchado», «Es que soy como una criada», «Todo el día poniendo lavadoras», «No hago más que trabajar en la casa». Eran pensamientos tan rápidos que, cuando me quería dar cuenta, ya le había soltado el primer grito. Es decir, por la mañana se manchaba y no me enfadaba ni gritaba y por la noche sí.

¿Por qué? Porque con el cansancio mi nivel consciencia y atención al momento presente desaparecía, y con él mi capacidad para gestionar ese sistema de creencias antiguas y significados negativos asociados a las tareas del hogar; lo que permitía que se disparara un enfado que acababa en gritos. Por lo tanto, no nos afecta lo que nos sucede, sino lo que nos decimos acerca de los que nos sucede.

Hoy te pongo esta tarea. Observa qué piensas, qué te dices sobre aquel comportamiento o situación con tu hija o con tu hijo que te enfada. Cuando notes que te enfadas porque notas calor, tensión muscular, que se te acelera el pulso –que son las reacciones fisiológicas del enfado–, párate, si es posible, da un paso atrás e imagina que estás mirando un cuadro, sí, esa situación es un cuadro en el que contemplas qué es lo que te ha enfadado, qué es lo que te has dicho acerca de esa situación.

Como veremos en otros días del entrenamiento, seguramente te estés diciendo cosas que tienen que ver con reglas que tú tienes y con valores que sientes que tu hija o tu hijo están violando, está faltando a ellos. No te voy a dar más pistas, porque quiero que hagas este trabajo sin más influencia por mi parte.

Para concluir, decirte que pensar bien es hacerse mejores preguntas. Para pensar bien es importante hacerse preguntas que ayuden a identificar el pensamiento irracional desadaptativo o destructivo, y posteriormente sustituirlo por otro más adaptativo, más racional. Por eso, es tan importante e imprescindible la autoobservación. Así, la tarea del día de hoy, del día 1, es autoobservarse para identificar si esos pensamientos son correctos, en el sentido de que si esos pensamientos son racionales o irracionales, porque ¿cuánto de racional tenía enfadarse con una niña pequeña de menos de 2 años que se había manchado? ¿Qué niña o niño no se mancha? Forma parte del proceso del desarrollo el hecho de mancharse. En mi caso, era un pensamiento totalmente irracional, puesto que daba un significado a esa mancha que afectaba totalmente a mi identidad como profesional, que chocaba con mi identidad de mamá y de ama de casa en ese momento. Por tanto, para la autoobservación, si es posible, escribe, lleva un cuadernillo o una aplicación de notas en tu móvil y escribe aquello que vayas observando; por ejemplo: cuando ha ocurrido esto o mi hija/hijo se ha portado así yo he pensado que: «Quería torearme porque quiere mandar él/ella», «He observado que no me respetaba», «He observado que me sentía ninguneada», aquello que se te ocurra lo anotas. También puedes grabar un mensaje de voz en tu móvil y después pasarlo a tu cuaderno de notas, porque toda esta información que en el día 1 de hoy recojas te va a servir para el trabajo de los días siguientes.

Te deseo un feliz día y una feliz crianza, que disfrutes de tu hija o hijo, de tu familia. Te invito a que tengas la mirada puesta en el día de hoy, porque sólo existe hoy, el ahora, el presente y, además, con las niñas y niños cada día cuenta, porque sólo entienden de presente. Para ellas y ellos, el concepto del «tiempo» es muy diferente y, si son muy pequeñitos o pequeñitas, más todavía. Nunca te pierdas el presente, vuelve a él cada vez que te hagas consciente de que se ha ido, porque es lo único que realmente existe.

Propuesta del día 1:

Observa tu diálogo interno cuando hoy te enfades ante algún comportamiento o alguna situación con tus hijas e hijos. Anótalo (cuaderno, aplicación notas en tu móvil…).

Día 2. El enfado nos informa de aquellas cosas que rechazamos

El enfado nos informa de aquellas cosas que rechazamos. El enfado es una emoción que necesitamos como cualquier otra. Por eso no podemos negarla, no debemos eliminarla y no podemos deshacernos de ella.

Las personas nos enfadamos cuando tenemos la sensación de hallarnos amenazadas, es decir, cuando interpretamos que alguien o algo nos está amenazando o está intentado aprovecharse de nosotras. Por eso, si negamos, si erradicamos esta emoción, no podríamos protegernos frente a abusos tanto a nuestra integridad física como a nuestra integridad moral o emocional. El enfado es la emoción que hace que nos indignemos y nos lleve a reivindicar nuestros derechos, a denunciar los abusos… Es una emoción muy importante.

El enfado se caracteriza por el rechazo hacia el modo de ser de las cosas.

En definitiva, el enfado nos informa de todas aquellas cosas con las que no estamos de acuerdo porque creemos que deben ser de otra forma según nuestro mapa mental.

Eso es lo que nos ocurre con nuestras hijas e hijos, que sus comportamientos, sus actuaciones… nos enfadan porque creemos o tenemos la expectativa de que deben actuar y comportarse de otra forma, incluso, a veces, hasta sentir de otra forma.

¿Qué nos ocurre? Pues que no identificamos la información. Sólo nos damos cuenta de que estamos enfadadas cuando ya lo hemos descargado a través del grito, la etiqueta, la amenaza, el reproche, el golpe... Sólo nos damos cuenta de que estamos enfadadas cuando hemos tenido una reacción desadaptativa, la reacción que no deseamos para nuestras hijas e hijos. ¿Y qué nos suele ocurrir? Que comenzamos a justificar por qué nos hemos enfadado, contándonos historias de culpables, y eso, a la vez, nos hace enfadarnos más todavía, porque el enfado se retroalimenta a sí mismo y nuestro comportamiento, nuestra reacción violenta (grito, amenaza, castigo, golpe, etc.) va creciendo.

Sin embargo, hay una respuesta fisiológica que nos permite identificar claramente que estamos enfadadas ya o que nos estamos enfadando. Lo que pasa es que normalmente no hacemos caso a nuestro cuerpo, o simplemente estamos desconectadas de él y no sabemos interpretar las señales que nos envía.

Te voy a hablar de esta respuesta fisiológica, porque es clave en la gestión emocional del enfado, ya que es información.

Esa respuesta fisiológica que tenemos cuando nos estamos enfadando o ya nos hemos enfadado la podemos reconocer porque el tono de voz se altera, el corazón y la respiración se aceleran, los músculos se tensionan, notas presión en el pecho. Hasta que la mente queda eclipsada por la emoción y no podemos pensar con claridad, de forma que sólo se puede ver lo negativo de la situación.

Sin embargo, si comenzamos a prestar atención a estos elementos fisiológicos podemos decidir desactivar el enfado. Con sólo poner nuestra atención a la respiración sería suficiente.

Si no nos damos cuenta de esta respuesta y no decidimos «desactivarla», el enfado seguirá creciendo y retroalimentándose con cada descarga. Es decir, si gritas, cada vez gritarás más y más alto, si reprochas, cada vez lo harás más y sobre más cosas que te vendrán a la cabeza que antes hizo tu hija o hijo y que nada tienen que ver con el evento actual, y así con cada descarga.

Lo que inicialmente parece funcionar, como es el desahogo, la exteriorización del enfado (gritar, golpear…), acaba descubriéndose que no funciona. Puedes liberar energía durante un instante, pero, debajo de la superficie, el ciclo del enfado se va alimentando y creciendo. ¿Y qué ocurre? Que mañana u hoy mismo, más tarde, cuando vuelvas a enfadarte, te vas a permitir reaccionar de forma más desproporcionada.

Yo no sé si te acuerdas de la primera vez que gritaste a tu hija o a tu hijo, yo no recuerdo el motivo, pero sí la sorpresa y el susto posterior cuando vi la cara de mi hija y me di cuenta de lo que había hecho. Esto lo tengo grabado a fuego en mi memoria. Pero lo que más me dolió es que pese al dolor y miedo en el rostro de mi hija al día siguiente volví a gritar.

Por eso, la descarga desadaptativa del enfado no es una solución.

Aprovecho para hablar de lo que opinan algunas corrientes al respecto de la descarga del enfado. Algunas corrientes proponen que cuando una niña o un niño está enfadado y golpea o pega, le ofrezcamos un cojín para descargar esa ira, rabia, enfado… Yo no estoy de acuerdo. Me posiciono del lado de aquellas profesionales que dicen que ésta no es una propuesta adecuada porque estamos facilitando a nuestras hijas e hijos una vía de descarga que provoca la propia retroalimentación del ciclo del enfado, creando un camino neuronal de descarga, de expresión del enfado a través de la violencia. Y la violencia, aunque sea golpear un cojín, nos demuestra que genera más violencia, debido a este ciclo de retroalimentación del enfado.

Algunas madres (clientas, alumnas) me han contado que cuando se han enfadado han golpeado un mueble, una puerta, una pared… para no golpear a su hija o hijo. Pero aunque esto lo hacen con toda su intención positiva de prevenir a sus hijas e hijos de un golpe, están creando en su cerebro una ruta, un camino neuronal de descarga a través de la violencia, propiciando nuevas descargas en el futuro. Por tanto, vamos a buscar otras formas de exteriorizar el enfado.

Aquí va mi propuesta para hoy. Cuando estés enfadada no trates de tener razón, de justificar tu enfado en el comportamiento de tu hija o de tu hijo, simplemente, hazte consciente de que te has enfadado, permítete sentir el enfado en tu cuerpo, identifica dónde lo sientes (en qué parte del cuerpo, en la frente, en los puños cerrados, en el pecho, en los hombros, en el cuello, en la boca…) y qué sientes (calor, tensión, palpitaciones, rigidez…). A veces, el simple hecho de darnos cuenta, de hacernos conscientes a través del cuerpo de que estamos enfadadas reduce el enfado.

Permanece el tiempo que necesites sintiendo el enfado en tu cuerpo, sin darle vueltas a la cabeza, sólo sintiéndolo en tu cuerpo. Hazte consciente de cómo tu cuerpo se ha preparado para defenderse, para la lucha ante el peligro, ante la amenaza. Y está bien. Todo lo que sientes en tu cuerpo está bien. Dale gracias por toda la información que te ha traído y después respira profundamente varias veces seguidas, imaginándote que con cada espiración el enfado se va de tu cuerpo, sale de ti, dejando todo tu cuerpo y tu mente en calma, serenos. Con la inspiración entra calma, con la espiración sale el enfado.

Ahora, si has reaccionado de forma inadecuada, acércate a tu hija o a tu hijo a pedirle perdón. No te sientas humillada. Hazlo con compasión hacia ti, que eres humana e imperfecta. Estás en proceso. Pídele perdón. Con este perdón le ofreces respeto, y le enseñas que si una se equivoca hay que reconocerlo.

Si hoy no te enfadas, puedes practicar igualmente esta propuesta. Como te dije en el día 1, el cerebro no distingue entre pensamiento y realidad. Por tanto, cierra los ojos, y dedica unos minutos a revivir un episodio con tu hija o con tu hijo en el que te enfadaste y reaccionaste como no querías. Para ello te pido que revivas ese episodio viendo, sintiendo y escuchando lo mismo que sentiste, escuchaste y viste aquel día en aquella situación. Es importante que revivas ese momento hasta el punto en el que el nivel de intensidad de la emoción, en una escala del 1 al 10, llegue, en el momento presente, como mínimo al 7 u 8. Disponte así a realizar el ejercicio de consciencia, de reconocimiento que antes te he propuesto.

Este ejercicio lo puedes practicar durante muchas ocasiones del día, en cualquier momento y con cualquier otra emoción (alegría, sorpresa, tristeza, frustración, miedo…), no sólo con el enfado. Hazte consciente de en qué parte de tu cuerpo estás sintiendo la emoción.

Hoy te insisto en esta parte de la fisiología porque mañana ya te haré una propuesta para enfriar el enfado. Y la forma más rápida de cambiar, de gestionar nuestras emociones es a través del cuerpo. Por eso hoy, aprovecha cualquier ocasión para reconocer cómo las emociones tienen una expresión/manifestación corporal.

Propuesta del día 2:

Cuando te enfades, no trates de justificarte. Para, observa tu cuerpo. Sólo hazte consciente de que te has enfadado, permitiéndote sentir el enfado en tu cuerpo. Toma notas sobre esta experiencia.

Día 3. Formas de desactivar el enfado (1). El enfriamiento

Aun cuando ya estés dentro de la emoción del enfado, puedes elegir qué comportamiento adoptar. (Según Ekman, conocer las emociones sirve para adquirir, entre otras, la capacidad de elegir el comportamiento cuando se está emotivo, es decir, cuando se está ya dentro de la propia emoción).

Para poder *elegir* es muy importante que estés *atenta a la información que tu cuerpo te transmite*. Recuerda lo de ayer, en el día 2, te hablé sobre la forma o formas en las que se suele manifestar el enfado en nuestro cuerpo:

- ceño fruncido, boca apretada o tensa;
- tensión muscular, brazos tensos, puños apretados;
- calor en pecho, cabeza;
- respiración contenida o entrecortada o agitada;
- el corazón late más deprisa…

Toda esta respuesta fisiológica se produce en pocos segundos, posiblemente menos de 90 segundos. Por ello es muy importante observarnos, *para saber cuándo se está produciendo el enfado,* para así, aun estando en la emoción, *poder tomar decisiones.*

¿Qué decisiones tomar una vez que te haces consciente de lo que está ocurriéndole a tu cuerpo (su respuesta fisiológica)?

Son *tres* las *decisiones* que debemos tomar en ese momento:

1. Acepta y reconoce el enfado.
2. Enfría tu enfado.
3. Comprende desde el corazón la intención positiva del comportamiento de tu hija, de tu hijo.

De la decisión primera (acepta y reconoce) te hablé ayer en el día 2. Hoy te hablaré de la segunda decisión (enfría tu enfado) y mañana, en el día 4, de la tercera decisión.

Lo ideal sería poder irse a caminar deprisa (como si perdieses el autobús) o a correr 20 minutos. De esta forma podrías liberar toda esa energía que genera el enfado, pero normalmente, como madres o padres, no nos podemos permitir ausentarnos de casa cuando nos enfadamos. Como mucho podemos retirarnos a otra estancia de la casa, por ejemplo, al baño (al que yo denomino «santuario de la gestión emocional») y a veces, ni eso, ya que si nuestras hijas e hijos son muy pequeños no nos podemos tan siquiera retirar en soledad, porque van tras nosotras.

Entonces, ¿qué hacer para enfriar el enfado y no explotar inadecuadamente? Te voy a proponer 4 estrategias que te pueden ayudar. Unas las puedes utilizar de forma aislada y otras de forma que se complementen.

1. Beber un vaso de agua

Esta primera estrategia (beber un vaso de agua), yo la uniría a cualquiera las estrategias que te voy a proponer a continuación. Se trata de beber un vaso de agua, no un traguito, un vaso de agua. Para que en ese momento hagas un aporte extra de oxígeno a tu cuerpo y a tu cerebro.

Puede que te preguntes ¿por qué agua? Muy sencillo. El cuerpo se compone de más de 2/3 partes de agua (cerca del 70 %). Y, además, nuestro cerebro depende de la correcta hidratación para funcionar de forma eficaz. El cerebro es muy sensible a la falta de oxígeno. Las células de este órgano requieren de un delicado y preciso equilibrio entre el agua y diversos elementos para rendir como debe.

Además, el agua es un magnífico conductor de la electricidad. Todas las acciones eléctricas y químicas del cerebro y del sistema nervioso central dependen en gran medida de la buena conducción de las corrientes eléctricas que envían los mensajes entre el cerebro y los órganos sensoriales.

Un cerebro bien hidratado es un cerebro menos cansado, más capaz de analizar, pensar, decidir, resolver…. Un cerebro hidratado nos ayudará a gestionar nuestro mundo emocional.

Recuerda: es importante mantener siempre una buena hidratación, y cuando salgas de casa no olvides nunca llevar contigo una botella de agua.

2. Respirar

Recomiendo la *respiración 4-7-8* (durante 4 ciclos). Esta forma de respiración es conocida como el relajante natural del sistema nervioso. El doctor Weil es el «creador» de esta técnica. Lo que hacemos con esta técnica es dar una gran cantidad de oxígeno a nuestro cerebro y al contar nos ayuda a enfocarnos en esta tarea y nos distrae del foco que está generando este malestar.

¿Cómo se hace esta respiración? Te lo explico detalladamente a continuación.

- Coloca la punta de la lengua justo donde comienza el paladar (detrás de los incisivos superiores) y mantenla allí durante todo el ejercicio.
- Cierra la boca e inspira en silencio por la nariz mientras cuentas mentalmente hasta CUATRO (fase 1).
- Contén la respiración mientras cuentas mentalmente hasta SIETE (fase 2).
- Espira completamente por la boca, haciendo un sonido de soplido, mientras cuentas mentalmente hasta OCHO (fase 3).

Éste es un ciclo respiratorio.

Observaciones:

- Siempre se inspira silenciosamente por la nariz.
- Siempre se espira sonoramente por la boca, con un sonido de soplido.
- La punta de la lengua se mantiene, durante toda la práctica, en el paladar (es aconsejable, no indispensable).

Para poder usar este ejercicio es importante que te entrenes primero, porque si no, no te acordarás de este ejercicio de respiración. ¿Qué quiere decir entrenarse en respirar? Pues que lo practiques cada día para así integrarlo y que cuando lo necesites (para recuperar la calma en un momento de tensión interna, para los estados de enfado, ansiedad leve…) puedas recuperar este sencillo ejercicio, porque lo tienes a mano. No olvides entrenar este ejercicio cada día.

Te recomiendo, por tanto, que realices 4 ciclos respiratorios como el indicado, al menos 2 veces al día en ocasiones espaciadas, por ejemplo, una por la mañana y otra por la tarde.

Puedes utilizar tu teléfono para generar una alarma que te avise de que es el momento de entrenarte en «respirar». De esta forma, cuando incorporas esta herramienta de forma activa a tu vida, facilitas que cuando te haga falta la recuerdes y puedas usarla.

3. Retirarse

Como te decía antes, lo ideal sería marcharte a caminar de prisa, como si perdieras el autobús, pero como madres y padres, esta acción no suele ser posible, ya que no podemos dejar solas a nuestras hijas e hijos, pues te voy a hacer otras propuestas de retiro de la situación.

Si puedes ausentarte un momento de la «escena», de la situación que tengas, hazlo con cualquier excusa previamente comunicada (por ejemplo, ir a la cocina a beber el vaso de agua, ir al baño a hacer unas respiraciones o a saltar para liberar la tensión y energía del enfado…). Según la edad, también se le puede comunicar que te retiras un momento para bajar la intensidad de tu emoción y así no decir palabras desagradables que puedan causar daño.

Siempre comunicaremos la excusa o motivo por el que nos vamos a ausentar, para que nuestras hijas e hijos no se sientan en modo alguno abandonadas o abandonados, en definitiva, rechazados.

Como puedes leer, te aconsejo que te retires tú de la escena, no que retires al niño o la niña de la escena. Hay profesionales, pedagogías, disciplinas… que aconsejan no hacer caso a la niña o al niño en estos momentos de alta demanda o alta intensidad emocional, incluso recomiendan enviar al niño o a la niña a su habitación o a la silla/rincón de pensar… Estas estrategias no son adecuadas.

Con estas estrategias lo que estamos haciendo es comunicar nuestra «retirada de amor» y les estamos aportando inseguridad al excluirlo de nuestra presencia y atención. Y, además, a edades tempranas, ni tan siquiera comprenden qué tienen que pensar. Somos nosotras, nosotros, quienes tenemos que retirarnos para no explotar, para no hacer daño a nuestras hijas e hijos ni a nosotras mismas.

4. Mover el cuerpo

Tras esa retirada de la escena, lo que vamos a hacer es mover el cuerpo. Conviene cambiar la postura corporal para desactivar la fisiología del enfado.

Ayer ya te hablé de la fisiología, aprovecho para recordarte la importancia de la fisiología de las emociones, porque cada emoción tiene una fisiología.

Si te hablase de la «depresión» y de una persona deprimida, estoy segura que pensarías en una persona con la mirada huidiza, que no mira directamente a los ojos, cabeza inclinada, con el mentón hundido hacia el pecho, hombros caídos… Es una fisiología típica de una persona que está atravesando una depresión.

El enfado también tiene una fisiología propia, como he dicho antes, tensión, calor, respiración agitada o contenida. Por tanto, es clave mover el cuerpo, cambiar la postura corporal.

Yo, cuando me enfadaba con mi hija, me iba al baño (lo he recomendado y así lo han hecho, también, muchísimas de mis clientas) y allí podía hacer múltiples cosas, a «elección»:

- Saltar, para liberar la energía.
- Correr un minuto en el sitio o hacer cualquier otro ejercicio, como subir los brazos, agacharme, estirar la espalda…
- Sonreír delante del espejo durante dos minutos.

Estas estrategias nos van a ayudar a liberar/enfriar el enfado. La de mover el cuerpo es muy importante, y la puedes hacer en cualquier momento y lugar. Si no te puedes retirar de la escena, puedes mover el cuerpo allí mismo, donde estés, junto a tu hija o tu hijo. Puedes agacharte a tocarte el pie o atar cordones, puedes estirar la espalda, mover los hombros y brazos, sonreír (aunque más que una sonrisa sea una mueca), incluso saltar junto con tu hijo o hija con ella o él en brazos…

Puedes hacer todo aquello que te ayude a liberar la energía atrapada y la tensión acumulada por la emoción en aquellas partes de tu cuerpo en las que sientas la tensión o el calor. En ningún caso es recomendable realizar acciones violentas (tipo golpear) para este enfriamiento. Siempre siempre puedes mover tu cuerpo.

En definitiva se trata de «mover» nuestro cuerpo, para *liberar la energía del enfado* y *transformarla* en otra energía, *en otro enfoque.*

Porque cuando estamos atrapadas por el ENFADO es difícil tomar la decisión consciente de pensar en otra cosa. Por eso, lo más fácil, rápido y efectivo es MOVER el cuerpo.

Si bien no deja de estar exento de una decisión. Por ello, como os decía antes, es importante entrenar para crear un hábito, un patrón.

5. Cambiar de enfoque

Cambiar de enfoque consiste en pensar en otra cosa, enfocar la mirada o pensamiento en algo que nos saque de esa escena.

¿Te acuerdas cuando te decían que contaras hasta 10 antes de hablar o actuar? Al contar cambiamos nuestra atención en los números, en algo distinto de la escena. Por tanto, se trata de que cuentes hasta 10 o hasta el número que sea necesario, pero de forma muy consciente, muy pausada, como si «masticases» o «rumiases» cada número.

Otra forma de cambiar el foco de nuestra atención es cerrar los ojos durante unos segundos o un minuto. Así nos alejamos de la situación momentáneamente.

Estas cinco estrategias las utilizo conmigo misma y con mis clientas.

Si bien es cierto que normalmente las utilizamos mediante anclajes corporales que previamente hemos realizado a través de ejercicios de visualización, de forma que cuando se encuentran en una situación de enfado, se tocan en el lugar donde se ha realizado el anclaje y al «tocarlo» así activa el conectarse en «modo amante», «modo amor» para rebajar el enfado y activar el botón del amor. Normalmente uso como punto concreto del cuerpo el corazón.

De esta forma transformamos una emoción en otra.

Recuerda:

1. Estar siempre bien hidratada porque te va a ayudar a la gestión emocional y a que tu cerebro tenga mayor capacidad de resolución.
2. Entrenar la respiración 4-7-8, porque es como hacer un «reseteo» a tu cerebro, poniéndolo en modo sereno, en calma, para poder afrontar las horas siguientes.
3. Si ya estás dentro del enfado, retírate. Y voy a compartir contigo una frase que yo uso a modo de «anclaje» y que he utilizado con mis clientas. Es una frase extraída de la canción *Cuando el mar te tenga* de El Último de la Fila: «Si lo que vas a decir no es más bello que el silencio, no lo vayas a decir».

   Si ves que estás a punto de explotar, y que lo que va a salir por tu boca no es algo bello y amoroso para tu hija o tu hijo… no lo digas. Si necesitas hablar, hazlo mentalmente, pero no lo verbalices y, por supuesto, retírate de la escena.
4. Mueve el cuerpo siempre, porque es la forma más fácil de cambiar tu estado emocional.
5. Cuenta hasta 10 o más o cierra los ojos para cambiar tu enfoque.

Propuesta del día 3:

1. Práctica las diferentes estrategias de enfriar el enfado:

- Beber un vaso de agua.
- Respirar 4-7-8 (4 ciclos).
- Mover el cuerpo.
- Retírate.
- Cambiar de enfoque.

2. Escribe sobre la experiencia de tu práctica.

Día 4. Formas de desactivar el enfado (2). La empatía

¿Qué es la empatía?

La empatía suele definirse como ponerse en el lugar de la otra persona, sentir como ella siente, entender como ella piensa. También se suele decir que es «calzarse los zapatos» de la otra persona.

Pero a mí, estas definiciones me suenan a mente, a entender desde la cabeza. Por ello me gusta tanto como definimos la empatía en *coaching* estratégico, decimos que es *comprender desde el corazón*. Y esto me encanta. *Es la clave.*

Comprender desde el corazón es más allá de la comprensión mental. Y esta comprensión desde el corazón sólo (o, sobre todo) la podemos hacer en una relación de amor incondicional.

Y ¿cuáles son esas relaciones de amor incondicional? Pues son nuestras relaciones primarias, es decir, con nuestras madres y padres, con nuestras hijas e hijos y con nuestra pareja.

Pero centrémonos en la relación con nuestras hijas e hijos.

La comprensión es «el desactivador» del enfado.

Cuando alguien nos irrita, pero nos explica luego que su actitud ha sido debida a una noticia recibida (una muerte, una enfermedad, un accidente), nuestra percepción de lo que ha ocurrido, del asunto, es distinta y solemos perder toda ira y enfado contra esa persona.

Es importante tener claro que *tenemos la capacidad de comprender sin necesidad de explicaciones.*

¿Cómo puedo comprender sin necesidad de explicaciones? Puedes hacerlo cuando comprendes que todos los seres humanos (adultos y niños) funcionamos igual. Comprendiendo que todo comportamiento tiene siempre en origen (cuando nace ese comportamiento) una intención positiva para esa persona: prevenir, proteger o servir para algo.

Es decir, el comportamiento realmente tiene que ver más con la propia persona que con aquellas hacia quienes aparentemente va dirigido su comportamiento, su acción.

Un ejemplo de cómo un comportamiento en origen tiene una intención positiva

Imaginaos una mamá y una niña que caminan por la calle. Y de pronto, una señora, conocida de la mamá, se acerca y hace intención de tocar el pelo a la niña. (Las personas adultas solemos ser realmente invasivas con las niñas y niños, tocándoles, queriéndoles dar besos, preguntando… En verdad somos poco o nada respetuosas). La niña se protege detrás de la madre. La señora mira con incomprensión el comportamiento de la niña. Entonces la mamá para proteger a su hija de los posibles comentarios de la señora que se ha sentido rechazada, utiliza una «etiqueta» para proteger a su hija y prevenir los comentarios de este momento presente y futuros de otras personas que también traten de tocarla: «Es que mi hija es tímida». La niña, que lo oye todo perfectamente, descubre que esta «etiqueta» es positiva para ella, ya que le facilita no exponerse a personas adultas que sin su consentimiento quieren invadir su espacio físico. Sin darse cuenta, la mamá amplía el uso de la etiqueta cuando la niña no saluda, cuando no da besos, cuando no dice nada cuando le preguntan… Y la niña, comienza a usar esta etiqueta para protegerse frente al rechazo, el ridículo o la exposición en clase, en el patio del cole, en una fiesta de cumpleaños… y va creciendo y actuando conforme a la etiqueta de tímida.

Pero un día, esta niña llega a joven, adulta, y cuando quiere participar, compartir experiencias, interactuar, se encuentra con la etiqueta que se puso para protegerse con el comportamiento propio de la timidez y… no puede hacerlo.

Por lo tanto, ese comportamiento, que tenía en origen una intención positiva, con el paso de los años se ha convertido en un comportamiento que ya no le beneficia, que ya no cumple la intención positiva que tenía en el pasado. Ya que ahora quiere hablar, relacionarse, y el comportamiento ajustado a la etiqueta de tímida es contrario a su deseo y necesidad actual.

Otro ejemplo, ya propio de crianza

Estamos en casa con nuestro hijo. Como le vemos entretenido jugando decidimos llamar por teléfono a una amiga. Es iniciar la conversación y ya está allí pidiéndonos algo: «Mamá déjame hablar a mí», «Mamá ven», «Mamá quiero comer», «Mamá tengo pis», «Mamá juega conmigo». Y esto nos irrita, nos enfada, porque era nuestro momento de conexión, de atención. Podemos enfadarnos y subir el tono y colgar y decir a nuestro hijo palabras realmente desagradables de escuchar y sentir: «Es que eres un exigente, un egoísta», «Es que nunca me dejas hacer nada» y otro largo etcétera. Si comprendemos desde el corazón que nuestro hijo no nos quiere privar de nuestro momento, no nos quiere agredir, que no es nuestro enemigo; si comprendemos desde el corazón, mirando más allá, veremos que su intención es prevenir que en un futuro deje de ser importante para su mamá, protegerse en ese momento de quedarse sólo o relegado del centro de atención de mamá sin ser tenido en cuenta. Se está previniendo y protegiendo para cubrir tres de sus necesidades emocionales primarias: reconocimiento (importancia), amor (conexión, atención, presencia) y seguridad (ahora, sólo existe el presente). Busca tener la seguridad de que mamá, aunque hable con otra persona «Sigue considerándome la persona más importante para ella», «No me abandona», «No deja de prestarme atención». Si en ese momento que nos pide algo nuestro hijo de forma positiva/constructiva no le atendemos, utilizará a continuación estrategias no constructivas para cubrir sus necesidades emocionales, ya que su sistema nervioso necesita sí o sí satisfacer esas necesidades emocionales para un desarrollo emocional sano y equilibrado. ¿Cuál sería la estrategia no constructiva? Una rabieta, pataleta, romper algo, golpear a su hermano o hacer cualquier otra cosa no positiva ni constructiva. La intención siempre en origen es positiva, prevenir, proteger o servir para que sus necesidades emocionales, que no caprichos, se vean cubiertas.

Comprender desde el corazón la intención positiva del comportamiento de tu hija o de tu hijo

Tienes que ponerte unas «gafas» en el corazón que te permitan ver que el comportamiento de tu hija o de tu hijo no persigue agredirte o amenazarte, tan sólo trata de cubrir alguna de sus necesidades emocionales (quizá con estrategias que chocan con tus normas, valores, expectativas, necesidades, pero en absoluto buscan hacerte daño).

Su intención no es llevarte la contraria, no es ponerte a prueba, no es retarte, no es no respetarte, no es no valorarte, no es no amarte, no es ser más fuerte que tú, no es salirse con la suya.

Porque muchas de sus necesidades emocionales, o al menos las tres primarias (amor, seguridad, reconocimiento) son satisfechas básicamente a través de madres, padres u otras figuras de apego.

La propuesta del día es comprender, empatizar con la intención positiva de su comportamiento para así rebajar el enfado.

Cuando observes que tu hija o hijo comienza a comportarse de una manera que no te gusta, que no esperas o que no deseas, mira allá, en el fondo de su comportamiento, ¿qué intención positiva puede tener? ¿Qué necesidad emocional necesita ser cubierta?

Aunque te parezca mentira, no pone a prueba tus límites, pone a prueba tu amor «¿De verdad mamá/papá, aun portándome así, puedo tener la seguridad de que me amas incondicionalmente?», «¿De verdad mamá/papá, aun portándome así, puedo tener la seguridad de que me validas y reconoces incondicionalmente?».

Hay una frase que dice «quiéreme cuando menos lo merezca, porque será cuando más lo necesite». (Esta frase es de Robert Louis Stevenson, en boca de su personaje, el doctor Henry Jekyll). Yo creo que nuestros hijos e hijas siempre merecen nuestro amor incondicional, un amor no condicionado por su comportamiento. Por eso nunca se ha de retirar el amor.

Esta actitud es costosa porque nos hemos educado en la retirada del amor, en que tenemos que merecer el amor. Pero hoy te pido que comiences a practicar esta nueva habilidad. Que te pongas las gafas del amor incondicional y comprendas desde el corazón que la intención del comportamiento de tu hija o hijo siempre es positiva, puede que no sea beneficiosa, pero sí positiva, ya que trata de cubrir sus necesidades emocionales.

Luego, cuando pase ese momento de alta intensidad emocional ya ayudaremos a nuestra hija o hijo de forma amorosa a que busque una estrategia más adaptativa y beneficiosa para cubrir sus necesidades emocionales.

Pero, como madres y padres, necesitamos comprender desde el corazón su comportamiento sin que él o ella nos sepa explicar el por qué.

Muchas veces nos enrocamos en preguntar a nuestro hijo o hija «¿Pero por qué haces esto?», «¿Por qué te portas así? Si ya te he dicho mil veces que no hagas esto», «¿Es que quieres que me enfade?», «¿Es que te gusta verme enfadada?», «¿Es que quieres que te castigue?», «¿Es que quieres quedarte sin…?». Con todas estas preguntas, con esta comunicación, lo único que hacemos es transmitir un significado negativo de la emoción del enfado.

No hay que preguntar por qué. Tenemos la capacidad de comprender sin necesidad de explicación si comenzamos a aplicar este conocimiento que hoy acabo de transmitirte.

En otros días te hablaré específicamente de la intención positiva y de las necesidades emocionales. Por hoy, es suficiente.

Esta clave te ayudará a dejar a un lado la lucha de poderes que hasta ahora creías que debías afrontar a cada momento con tus hijas e hijos.

Hoy es un buen día para comenzar a comprender desde el corazón.

Verás que si comienzas a aplicarlo con tus hijas e hijos, al final la comprensión es amor y compasión. También podrás aplicártelo a ti misma. Es decir, comprender desde el corazón tus comportamientos. Porque cuando tú gritas, etiquetas, comparas, amenazas…, has de poner mucha compasión hacia ti misma para comprender que tu intención no ha sido hacer daño a tu hija o a tu hijo, sino que con ello perseguías la intención positiva de protegerte de ese comportamiento de tu hija o de tu hijo por el cual te sentías amenazada. A veces la intención positiva es prevenir que tus hijas e hijos no tengan en el futuro un comportamiento que tu temes (pegar, abusar, quedarse solo, encajar…) que puede convertirlos en personas que no van a tener aprobación y reconocimiento de otras. Por lo tanto, implementar en tu día a día esta habilidad de comprender desde el corazón va a generar mucha compasión y va a rebajar muchísimo el nivel de tus enfados. Pudiendo comprender, respetar y acompañar mucho mejor los momentos de enfado, de rabieta, de berrinche, en definitiva, los momentos de alta intensidad emocional.

Propuesta del día 4:

Comprende desde el corazón la «intención positiva» del comportamiento de tus hijas e hijos y describe tu experiencia.

Día 5. Descubriendo los motivos del enfado

Como te he expuesto en días anteriores, el enfado es una emoción que surge para cumplir la función de autoprotección o defensa.

Cabe preguntarnos, por tanto, ¿tenemos que protegernos de nuestras hijas e hijos? ¿Tenemos que defendernos? ¿Acaso son nuestras enemigas y enemigos?

Para gestionar la ira, el enfado, lo primero que hay que hacer es identificar claramente: ¿por qué me enfado?, ¿qué me hace enfadar?, ¿en qué situaciones o circunstancias se dispara mi ira?

Las madres/los padres, tenemos sólo dos tipos de enfados y nos enfadamos realmente sólo por tres motivos. Déjame que te cuente y luego cree lo que tú quieras.

Como te digo hay dos tipos de enfados:

1. Enfado ante algo que hace mi hijo o hija sin que él o ella esté enfadada.

Cuando tu hija o hijo hace algo y respondes YA, sin darte cuenta, en modo «PILOTO AUTOMÁTICO», es decir, que ante su comportamiento te ha salido el grito o lo que toque (castigo, amenaza, cachete…). Es una reacción tan automatizada que ni tan siquiera te ha dado tiempo a sentir que te estabas enfadando. En ese momento has sentido con su comportamiento un ataque a tu integridad física o psicológica.

2. Enfado ante el enfado o expresión del enfado de mi hija o hijo.

Cuando tu hija o hijo se enfada y expresa su enfado, frustración, con un comportamiento que no te agrada para nada y además no encuentras la forma de acompañarle en su emoción y te enfadas progresivamente hasta que de nuevo te SALTA EL PILOTO AUTOMÁTICO.

Y luego, hay tres únicos motivos por los que realmente nos enfadamos. Increíble, ¿verdad? Una pensaría que hay cincuenta, pero no. Sólo hay tres motivos que provocan que, aun cuando no quieres enfadarte, no quieres gritar, no quieres castigar, te salta el «piloto automático» y te pones a gritar «hecha una energúmena». ¿Quieres saber cuáles son estos 3 motivos por los que aun cuando quieres criar y educar a tus hijas e hijos de otra forma no lo consigues? Venga, te los voy a contar.

Los tres únicos motivos por los que te enfadas son los siguientes:

1. Porque rompe alguna de tus reglas o normas para experimentar un valor importante, en definitiva, rompe tus expectativas.
2. Porque sientes que te retira su amor.
3. Porque chocan tus estrategias para cubrir tus necesidades emocionales con las de tus hijas e hijos.

Estoy segura de que quieres saber más de cada uno de estos motivos, pero hoy no te lo voy a contar. Hoy te pido que reflexiones y anotes respecto a unas preguntas que te voy a proponer. Y ya será en los sucesivos días cuando destinaremos un tiempo para cada uno de estos motivos. Espero que te parezca bien.

Hoy te propongo que reflexiones y apuntes sobre estas cuestiones.

1. Tus expectativas (lo que esperabas antes de nacer, lo que esperas ahora/hoy que haga, diga, sienta…) sobre el comportamiento de tu hija o de tu hijo.

2. Haz una lista con las reglas o normas que tienen que cumplir en el día de hoy tus hijas e hijos respecto a alimentación, higiene, descanso, horarios, puntualidad, orden, juego, interacción con otras niñas y niños, así como con la familia u otras personas adultas. Posiblemente creas que no tienes muchas reglas o normas. Por ello te pido que mantengas tu atención a aquellos momentos en que pides a tus hijas e hijos que hagan algo. Porque seguramente les vas a pedir que lo haga de una forma, en un tiempo determinado o en un lugar concreto, y a veces les vas a indicar que se sientan emocionalmente de una determinada forma y no de otra. Todo esto en el fondo son reglas y normas que les estamos pidiendo que cumplan.

3. Anota cuándo te sientes poco querida, o rechazada incluso, por tu hija o tu hijo.

Te aporto algún ejemplo para que comprendas mejor este ejercicio. Muchas veces nos sentimos rechazadas o rechazados cuando nuestra hija o hijo no se come la comida que «con tanto amor le hemos preparado». ¿Cuántas veces les decimos esta frase durante su infancia, adolescencia incluso juventud?

Ahí queda el ejemplo. Descubre en cuáles situaciones sientes que tu hijo o hija te retira el amor y anótalo. Este es un gran ejercicio de honestidad contigo misma.

4. ¿Cuáles de las estrategias que usan tus hijas e hijos para cubrir sus necesidades emocionales crees que chocan con las tuyas? Es decir, cuáles de sus estrategias para cubrir sus necesidades chocan con otras que tú querrías cubrir en ese momento de otra forma. Recuerda que las necesidades emocionales de ambos (la tuyas y las suyas) son legítimas.

Puede ser que este ejercicio te resulte algo más complejo porque te falta entender todavía muy bien los conceptos de regla o norma o necesidades emocionales. No te preocupes, esto no es un examen. Escribe, anota aquello que «a bote pronto» te resuene con la pregunta. Hoy es un día especial para tomar consciencia de cómo tenemos expectativas, reglas... en la relación con nuestras hijas e hijos que son inconscientes, ocultas, y que, sin embargo, influyen muchísimo en nuestros enfados.

Propuesta del día 5:

Reflexiona y Anota:

1. Tus expectativas (lo que esperabas antes de nacer, lo que esperas ahora que haga, diga, sienta...) sobre el comportamiento de tus hijas e hijos.
2. Las reglas o normas que tienen que cumplir en este día de hoy, tus hijas e hijos respecto a alimentación, higiene, des-

canso, horarios, puntualidad, orden, juego, interacción con otras niñas y niños, así como con la familia u otras personas adultas.

3. ¿Cuándo te sientes poco querida o rechazada por tus hijas e hijos?

4. ¿Cuáles son las estrategias que usan tus hijas e hijos para cubrir sus necesidades emocionales que crees que chocan con las tuyas?

Día 6. Por qué siento que han roto mis expectativas o alguna de mis reglas o normas para experimentar un valor importante

Éste es uno de los tres únicos motivos por los que realmente nos enfadamos con nuestras hijas y nuestros hijos.

Nos enfadamos porque sentimos que rompen nuestras expectativas o reglas para sentir algún valor importante para nosotras, para nosotros, como madres y padres.

Pero ¿qué son los valores?

Los valores son palabras que te llevan a un estado emocional. Si hay algo que valoras es por la emoción que conectas con ese valor.

Por ejemplo, el valor de la *familia* te conecta con una emoción diferente que el valor del *respeto* o el valor de la *seguridad*. Cuando decimos la palabra se produce una conexión emocional automática.

Los valores nos aportan claridad de lo que es importante para nosotras, nos marcan una línea de acción. Son nuestra guía en la vida, lo que nos mueve y empuja en nuestras decisiones y acciones.

Te propongo que cierres un momento los ojos y dediques unos segundos o minutos a sentir lo que te produce la pronunciación de cada una de estas palabras (familia, respeto, seguridad, amor…).

¿Lo has hecho? Continuamos.

Y… ¿qué son las reglas?

Las reglas son aquello que tiene que ocurrir, que tú tienes que ver, sentir o escuchar para que puedas experimentar un valor o una emoción.

Hago énfasis en la palabra TÚ, porque dos personas pueden compartir un mismo valor, pero tener diferentes reglas para experimentar ese mismo valor o emoción.

Te pongo un ejemplo. Voy a tomar de referencia un valor como es el éxito. Ante la pregunta ¿qué tiene que ocurrir para sentir éxito?, algunas personas responden que necesitan experimentar reconocimiento social, prestigio, un estatus económico (tener x ingresos al año), poseer una vivienda de lujo, una segunda vivienda, un coche de alta gama…

Sin embargo, otras personas para sentir el éxito necesitan experimentar otras cosas, es decir, tienen otras reglas. En mi caso, para sentir el éxito tengo que experimentar que puedo hacer aquello que me gusta (por ejemplo, a nivel profesional) como yo quiero, donde yo quiero, con quien yo quiero y de la forma que yo quiero.

Como ves, mis reglas son diferentes a las personas del primer ejemplo. Y, sin embargo, ambas compartimos el mismo valor.

Vamos a ver que hay diferentes tipos de reglas:

- Hay reglas que te ayudan y te hacen sentir bien.
- Hay otras reglas que no te ayudan y te hacen sentir mal.
- Hay reglas que están en contradicción.
- Hay reglas que son imposibles de cumplir.

La mayoría de las madres y de los padres tenemos numerosas reglas que facilitan que nos sintamos mal con mucha frecuencia y bien con poca, porque cedemos nuestro control emocional a las hijas e hijos, a padres/madres y a suegros/suegras, a la escuela, a las amistades…

Entonces, ¿por qué tus hijas e hijos rompen tus reglas?

1. Porque son reglas fáciles de romper y difíciles de cumplir, sobre todo, por las niñas y los niños.
   Tenemos reglas relacionadas con:

- La alimentación (lo que han de comer, la cantidad, cuándo lo han de comer, dónde lo han de comer…).
- La higiene (cómo y cuándo han de realizar el cepillado de dientes, baño, lavado de manos…).
- La limpieza.
- La puntualidad.
- La responsabilidad.
- El orden.
- Los horarios de descanso.
- El lenguaje o las palabras que pueden ser o no utilizadas.

Tenemos numerosas reglas para nuestras hijas e hijos para muchísimas cosas. A veces, hay reglas que permanecen ocultas, sin que tú misma las conozcas, y, sobre todo, sin que conozcas el significado y la importancia. Sí, porque tú, realmente, das un significado e importancia al cumplimiento o no de esas normas. Si no fuese así, no te enfadarías tanto cuando tu hijo o tu hija las incumplen. Y muchas veces hasta que no se hace un trabajo de consciencia, como el que estás haciendo ahora mismo, estas reglas permanecen ocultas.

2. Porque al romper tus reglas sientes que actúan en contra de algún valor importante para ti. Como por ejemplo: el amor, el respeto, la libertad, la independencia, el poder (entendido como autoridad), el éxito, la pasión, la salud, la comodidad, la seguridad (entendida también unas veces como comodidad, otras como control), la aventura...

Voy a compartir contigo unos pequeños ejemplos, porque puede ser que al leer esta enumeración de valores te preguntes qué tiene que ver el comportamiento de mi hijo con sentir o experimentar estos valores.

A veces, como mamás o papás, nos ocurre que tenemos que atender a nuestras hijas e hijos, ya que nos necesitan y demandan casi constantemente para cubrir sus necesidades emocionales. Esto hace que nos sintamos «limitadas» en la disponibilidad de nuestro tiempo —y sintamos pérdida de libertad—, ya que no podemos disponer libremente de él. También a veces sentimos que hemos renunciado a nuestro éxito profesional para atender su cuidado. En todos los casos, son decisiones que hemos tomado libremente. Sin embargo, cuando rompen nuestras reglas sentimos que hemos «dado mucho por nada».

También, la crianza, el atender a los niños y niñas, nos hace tener que salir de nuestra zona conocida y de comodidad, viéndonos privadas de descanso, sueño, tiempo para el autocuidado, el disfrute y la salud… y en muchas ocasiones choca con valores como la aventura, ya que surge una gran necesidad de «control», o choca con la pasión porque la crianza es tan absorbente en los primeros años que parece no haber espacio para la pasión en la pareja.

3. Porque al romper tus reglas se activa un valor repelente que no deseas sentir: como el rechazo, la frustración, el fracaso, el enfado, la humillación, la culpa, la tristeza…

¿Qué nos ocurre? Que cuando nuestra hija o nuestro hijo no se comporta como nos gustaría, se comporta diferente a nuestras expectativas, a veces nos sentimos rechazadas, como si no nos quisieran; o nos sentimos frustradas y fracasadas porque no conseguimos que nuestra hija o hijo nos entienda, cumpla y obedezca nuestras indicaciones/órdenes, y al no conseguirlo tenemos ese sentimiento de frustración o fracaso. En otras ocasiones nos enfadamos y no nos gusta experimentar esta emoción, este contravalor, y eso nos hace sentirnos mal.

Cuando tu sistema de reglas te hace sentir frustrada, enfadada, herida o fracasada, estas emociones afectarán a la forma en la que tratas y con la que te relacionas con tus hijas e hijos. La forma más eficaz de alcanzar nuestros valores atrayentes (respeto, responsabilidad, libertad…) es tener reglas que faciliten sentir esos valores y dificulten activar los valores repelentes.

Para conseguir esto, la mayoría de nuestras reglas deben estar bajo nuestro control. Por ejemplo, *siento respeto cuando me respeto a mí misma haciendo lo que está alineado con mis valores, mis necesidades y objetivos.* Porque por el hecho de que mi hija o hijo –que es una niña o niño pequeño, que aún no sabe expresar correctamente lo que siente, que por su edad y su madurez aún puede permitirse reaccionar «primitivamente»– me diga que me odia, que soy la peor mamá del mundo o que me diga tonta o que incluso a veces me grite, no me está faltando el respeto, simplemente es la única forma que de momento ha encontrado para expresar su malestar y para comunicarme que tiene necesidades emocionales que necesitan ser atendidas y cubiertas por mí. Y porque la única forma de perder el respeto, este valor tan importante, es que yo misma no me respete. Y como mamás o papás, como personas muchas veces no nos respetamos. Un ejemplo muy simple, a veces estamos en el trabajo y no nos respetamos, tenemos ganas de ir a hacer pis y no vamos porque es más importante la productividad o atender a la clientela que a nuestras necesidades. A veces, estamos en un centro comercial en el cual hace muchísimo calor y por comodidad u otro motivo, optamos por pasar calor, sentirnos mal, antes que respetarnos y quitarnos el abrigo o el jersey. Por lo tanto, si la regla para sentir respeto está bajo mi control, sólo yo puedo faltarme a mí misma al respeto y no lo que haga o deje de hacer mi hija o mi hijo. Porque como has visto en días anteriores, todo comportamiento tiene una intención positiva de prevenirle, protegerle o servirle para algo relacionado con cubrir sus necesidades emocionales. No es un ataque a nosotras, sino que tiene que ver con una necesidad emocional suya que necesita cubrir.

Para conseguir la mayoría de nuestros valores, las reglas deben estar bajo nuestro control y no depender de factores externos impredecibles. Porque lo que normalmente hacemos para sentir valores como el respeto, la autoridad, el amor... es que tengan que ocurrir cosas que dependen absolutamente del comportamiento de nuestras hijas e hijos, como por ejemplo, *que nuestras hijas e hijos obedezcan a la primera; que quieran colaborar; que se coman toda la comida; que no se manchen; que no se enfaden; que saluden; que den un beso; que no digan una palabra inadecuada; que no griten; que no peleen entre hermanos, que compartan sus juguetes con otras niñas y niños; que no te pongan en evidencia ante otras personas...* Es decir, tienen que cumplir tantas reglas y normas que es imposible que lo hagan y con ello logremos sentirnos bien. Y, además, piensa en la carga que ponemos sobre los hombros de nuestras hijas e hijos. En ocasiones les cargamos con la responsabilidad de nuestras emociones, de nuestro enfado, pues pensamos o incluso le decimos «Si te portases bien y cumplieses todas estas reglas, yo no me enfadaría y no te gritaría». Queremos cambiar a nuestras hijas e hijos para así sentirnos bien, para así no hacer aquello que no nos gusta hacer y que no sabemos gestionar.

Cuando nos enfadamos porque han violado nuestras reglas cabe hacernos una pregunta mejor: ¿estoy reaccionando a la situación o estoy respondiendo inteligentemente? ¿Estoy reaccionando desde el miedo o estoy actuando desde el amor incondicional?

Con esta información tan importante y valiosa que el enfado nos trae, tomaremos nuevas y mejores decisiones, que desde luego no pasen por el grito, el castigo, la amenaza, la etiqueta...

Propuesta del día 6:

Revisa algún enfado importante que has tenido con tu hija o con tu hijo en la última semana y pregúntate:

1. ¿Qué valor atrayente, importante para ti, sentiste amenazado en esa situación?
2. Escribe al menos tres reglas que han de darse para que tú experimentes ese valor.
3. Esas reglas ¿son o no difíciles de cumplir y fáciles de romper por tus hijas e hijos?
4. ¿Qué pasa si no haces nada para cambiar? ¿Cómo será la relación con tus hijas e hijos dentro de 2 o de 5 años si continúas con esta expresión del enfado?
5. ¿Qué pasaría si consiguieses cambiar? ¿Qué llegaría a tu vida?
6. Reescribe las reglas para sentir ese valor de forma que el control dependa de ti y no de las demás personas.

Día 7. Por qué siento que me retiran el amor

Éste es el segundo motivo, único y real por el que te enfadas.

¿Sientes que te retiran el amor tus hijas e hijos, sientes que no te quieren, que no te aprecian, que no te valoran, que no te toman en consideración cuando, por ejemplo, ocurre alguna de estas situaciones?

- No quiere pasar tiempo contigo o prefiere a veces a otras personas como otro padre o madre o familiares o amistades o personal docente…
- Te dice palabras que te duelen como «Te odio», «Eres la peor mamá del mundo», «Eres el peor papá del mundo», «Me voy a ir con otra familia», «Nunca me haces caso», «Siempre me…».
- No te permite abrazarle, besarle, expresarle tu amor mediante el contacto físico.
- No acepta o aprecia tus regalos, obsequios, detalles…
- No te permite que le ayudes. No come o acepta algo que le ofreces que has cocinado o preparado o comprado «con todo tu amor».

Cuando se producen estas situaciones aparecen viejos fantasmas sobre si somos o no «merecedoras de amor», si somos o no «suficientes», si somos o no capaces de «ser» buenas madres o buenos padres…

Este motivo por el que nos enfadamos tiene mucho que ver con los cinco lenguajes de amor, con cómo sentimos nosotras como madres y padres amor, y con cómo sienten nuestras hijas e hijos amor.

Propuesta del día 7:

Hazte consciente de ante qué situaciones o comportamientos sientes rechazo por parte de tus hijas e hijos o sientes que te retiran el amor.

Es un trabajo sencillo de toma consciencia en el cual te das cuenta de cuándo sientes dolor por el comportamiento de tu hijo o de tu hija. En este ejercicio lo importante no es si hace algo bien o mal, sino que tu percibas el comportamiento como un rechazo, no te sientas amada por ellas o ellos, no te sientas correspondida en tu amor. Es un ejercicio que requiere de una gran dosis de honestidad. Adelante.

Día 8. Cómo chocan nuestras necesidades emocionales

Hoy abordamos el tercer y último motivo por el que nos enfadamos, y es porque chocan nuestras estrategias para cubrir nuestras necesidades emocionales con las de nuestras hijas e hijos.

Antes de poner ejemplos, voy a exponer cuáles son las ocho necesidades emocionales primarias que todas las personas tenemos, tanto personas adultas como jóvenes como niñas, todas.

Todas las personas tenemos ocho necesidades emocionales primarias *(según el Modelo de Necesidades Emocionales Primarias elaborado por Tino Fernández Valls,* coach *estratégico)*, relacionadas con:

- MENTE-CUERPO: Amor, reconocimiento, pertenencia, control, diversión, drama.
- SER: Desarrollo y trascendencia.

En días anteriores te hablé brevemente de estas necesidades emocionales, más adelante te hablaré de ellas de forma más extensa.

Si las menciono de forma reiterada es por su importancia, porque son la clave, la respuesta para comprender a nuestras hijas e hijos y para comprendernos a nosotras.

Hoy tan sólo te voy a poner unos ejemplos sobre cómo chocan nuestras estrategias para cubrir necesidades emocionales con las de nuestras hijas e hijos y por eso nos enfadamos.

Ejemplos sencillos

Control versus diversión: Como mamá operas a diario enfocada en cubrir tu necesidad emocional primaria de control, de seguridad: que coma y duerma a una hora, que se cepille los dientes, cuando yo digo y como yo digo. Y esta necesidad tuya, que se acentúa como mamá, chocha de forma consistente con una de las necesidades emocionales primarias y fundamentales de tu hijo, de tu hija, «la diversión». Para las niñas, para los niños, siempre es la hora y el momento de jugar, jugar, jugar y jugar, con independencia de si es hora de comer, de lavarse los dientes, de ir al colegio/escuela infantil/escuelita/kínder/extraescolar, de cenar, de ir a dormir… Para las niñas y los niños, el juego es la estrategia a través de la cual se relacionan con el entorno físico y emocional, es como aprenden, se divierten, conectan, crean, crecen…

Reconocimiento versus reconocimiento: Muchas veces ocurre que sientes y tienes necesidad de obtener reconocimiento (validación, palabras de afirmación…) de aquellas personas ante las que te encuentras: tu madre o tu padre o tu suegra o tu suegro o tus amistades o el personal docente que atiende a tu hija o tu hijo u otras familias. Y esta necesidad tuya en ese momento choca con la propia necesidad de reconocimiento de tu hija o de tu hijo que necesita de tu atención, en definitiva, de tu reconocimiento. ¿Cuándo ocurre esto? Pues en muchísimas ocasiones, *por ejemplo,* cuando vas a hablar por teléfono y tu hija o hijo que parecía distraído acude a pedirte mimos o que vayas con él a jugar o a hacer pipí o… ¿Por qué lo hacen? Porque necesita en ese momento sentirse única o único y especial para ti, que siguen siendo el centro de tu vida. Con su comportamiento se previenen, se protegen, les sirve para seguir siendo importantes ante ti aun cuando entran en tu vida otras personas que requieren tu atención (esa persona que está al otro lado del teléfono, o aquella otra persona con la que te paras por la calle, o la abuela que ha venido a casa y parece ser más centro de atención…). No es que tu hija o hijo sea un egoísta y quiera ser el centro de atención, no, se trata de otra cosa. Es una necesidad emocional de atención, porque igual que las plantas necesitan agua, tu hija o tu hijo, las niñas y los niños necesitan para su buen desarrollo emocional tener cubierta esta necesidad emocional primaria de atención, reconocimiento, validación, palabras…

Tú misma, en esas situaciones, te sientes mal, porque tú también necesitas sentir y experimentar el reconocimiento de esas otras personas con las que interactúas. Porque cuando tu hija o tu hijo te reclama, y tú no sabes gestionar ese momento, a veces, sientes que tu identidad de mamá se ve dañada al sentirte juzgada por tus padres, suegros, amistades… Bien porque lo interpretas al ver sus caras o porque directamente se atreven a expresarlo. En ese momento lo que tú necesitabas era validación/reconocimiento por parte de ellas y ellos o, cuando menos, comprensión. Ante esta situación en la que parece que tu hija o tu hijo te ha puesto «en evidencia» haciendo algo que no debería (o que normalmente no hace) no persigue ese objetivo. La mejor forma de sentirte reconocida por ti misma y de ponerte en valor es dándole la importancia que tu hija o tu hijo necesita en ese momento, y que ella o él te devolverá validándote en tu identidad de mamá, de papá que sabe comprenderle, respetarle y acompañarle como necesita al margen de las miradas y juicios de las personas de alrededor.

Si ponemos la atención en lo realmente importante, es decir, en nosotras y en nuestras hijas e hijos, todo es más fácil.

Nuestras necesidades emocionales chocan en muchísimas ocasiones.

Voy a contarte una historia personal.

El cole de mi hija está muy cerca de casa, a unos 5 minutos. Ahora no, pero cuando tenía 4 años y la recogía a la salida, normalmente se entretenía muchísimo a la vuelta del cole, llegando a tardar en regresar caminando a casa unos 45 minutos. ¿Por qué? Pues porque cuando salía del cole, necesitaba expansión después de 5 horas en el colegio para jugar libre (recoger una piedrecita, una flor, una ramita, saltar, correr, pararse…) y también necesitaba «estar» con mamá, en mi presencia, recibiendo mi total atención y… sin prisa. ¿Y qué me ocurría a mí? Que yo a la hora de recogerla (las 2:15 p. m.) tenía un hambre voraz, estaba cansada de haber trabajado por la mañana y sólo deseaba regresar rápido a casa para comer yo y para que ella comiese a «buena» hora. Estaba totalmente enfocada en cubrir mi necesidad emocional de control/seguridad. Mi cerebro reptiliano me mandaba señales de alerta de peligro de supervivencia (hambre). Sin embargo, mi hija quería jugar, jugar, jugar (diversión) y dedicación exclusiva de mamá (reconocimiento, amor). Y, claro, chocábamos. Cuando me hice consciente de esto, me dije «Hay que solucionarlo» y la que tiene la responsabilidad soy yo. Entonces, siempre antes de ir a recoger a mi hija, tomaba una fruta y me la comía. Con esto en primer lugar satisfacía mi necesidad de seguridad, de estar alimentada, en segundo término ponía en marcha el sistema nervioso parasimpático que, con el proceso de digestión, activa la relajación y así, cuando llegaba a recoger a mi hija, me encontraba tranquila y podía cubrir su necesidad emocional de diversión y de amor, de estar totalmente pendiente de ella, porque la necesidad mía de control ya la había cubierto antes. Por tanto, ya no había choque, estaba para ella, para darle lo que necesitaba, para cubrir sus necesidades emocionales como ella necesitaba después de tantas horas de separación y ausencia, de no tener cerca a su mamá, su figura de apego y seguridad.

Éste es un pequeño ejemplo, no algo que tú tengas que copiar. Es un ejemplo de toma de consciencia de que mi necesidad de control chocaba con sus necesidades emocionales, las cuales sólo yo podía satisfacer o cubrir. Esa toma de consciencia me llevó a responsabilizarme y buscar una estrategia constructiva para cubrir mi necesidad de control y así poder atender sus necesidades emocionales de diversión, reconocimiento y amor.

Y con estos pequeños ejemplos, te dejo para trabajar sobre este último motivo por el que nos enfadamos.

Propuesta del día 8:

1. Descubre detrás del comportamiento de tu hija o de tu hijo qué necesidad o necesidades emocionales necesita cubrir.

Recuerda siempre que su comportamiento tiene, en origen, la intención positiva de prevenirse, protegerse o servirle para cubrir sus necesidades emocionales. Su comportamiento no tiene la intención de fastidiarte, enfadarte, retarte…

2. Descubre cuáles de tus necesidades emocionales sientes amenazadas en tus enfados con tus hijas e hijos.

Recuerda que el enfado tiene la función de protección o autodefensa, por lo tanto, te estás sintiendo amenazada en alguna necesidad emocional que sientes que no está siendo cubierta si atiendes a la de tu hija o hijo.

Día 9. Qué construyo desde el enfado. Consecuencias

Durante cuatro días te he hablado y has trabajado sobre los tres únicos motivos por los que nos enfadamos. Te los recuerdo:

1. Porque rompe alguna de tus reglas o normas para experimentar un valor importante, en definitiva, rompe tus expectativas.
2. Porque sientes que te retira su amor.
3. Porque chocan tus estrategias para cubrir tus necesidades emocionales con las de tus hijas e hijos.

Hoy cabe preguntarnos ¿qué estamos construyendo desde el enfado? ¿Qué tipo de relación estamos construyendo si una de las emociones recurrentes, frecuentes, en la relación con nuestras hijas e hijos es el enfado? Es cierto que el enfado es una emoción natural, normal y necesaria, pero no así la forma en la que la expresamos.

Las consecuencias de expresar nuestro enfado a través de gritos, amenazas, castigos, etiquetas, golpes… son negativas para nosotras como autoras de esa expresión y exteriorización del enfado y también y sobre todo para nuestras hijas e hijos como receptores.

¿Cómo nos afecta a nosotras madres y a nosotros padres?

Nos afectan a nuestra identidad de madres y padres, y también afecta a nuestra autoestima.

- Sentimos en muchísimas ocasiones frustración, fracaso, culpa, vergüenza. Y, cómo no, también tristeza porque sentimos que los estamos perdiendo.
- Nos retroalimentamos en la emoción del enfado y nos mantenemos en la expresión inadecuada, justificándonos en que la causa de nuestra expresión es el comportamiento no deseado de nuestra hija o de nuestro hijo.

¿Cómo afecta a nuestras hijas e hijos?

Nuestras hijas e hijos sienten miedo, frustración, culpa… Sí, porque, con toda nuestra intención positiva, les hacemos sentir culpables de nuestro comportamiento desbordado.

- Nuestras hijas, nuestros hijos, van perdiendo la confianza en ellas y en ellos mismos. Van viendo mermada, poco a poco, su autoestima.
- Sienten de forma habitual que se les retira el amor, que no lo merecen. Y que el amor de su madre y de su padre está condicionado a que se comporten, a que actúen y que sientan como esperan y desean.

Y, por supuesto, el vínculo afectivo que nos une como madres y padres con nuestras hijas e hijos se debilita y con él se va perdiendo toda la capacidad de influir y liderar la relación con nuestras hijas e hijos. La comunicación se ve gravemente deteriorada o rota y la convivencia en el hogar también.

Nuestras hijas y nuestros hijos van creciendo, llegan a la adolescencia, a la juventud y, por qué no, a la vida adulta.

Te hablo de la vida adulta, porque tú y yo, que somos madres, padres, antes que padres y madres hemos sido hijas e hijos, incluso puede que todavía hoy tu madre o tu padre viva. Y ese dolor sigue estando aquí, el dolor de no haber recibido la comprensión y el amor como tú deseabas y necesitabas de tu madre, de tu padre. Sabes que te quieren, sabes que te querían, pero en muchísimas ocasiones no lo has sentido.

Construir la relación desde el enfado cotidiano, desde esa expresión inadecuada, va a llevar a construir dentro de cada uno de tus hijas e hijos un gran núcleo de dolor, de ira, de resentimiento. Cuando llegue a tu hija o a tu hijo esa adolescencia, que es compleja por los cambios hormonales y neuronales que acontecen, también va a sentirse sola, solo. Entonces, te preguntarás qué hiciste durante su crianza, durante la infancia. Verás entonces consecuencias o resultados.

Por tanto, hoy te propongo otra vez que utilices el enfado como aliado, aprovechando toda la información que esta emoción te trae y que has podido comprobar en los días anteriores.

La propuesta del día de hoy tienes dos partes.

Propuesta del día 9:

1.ª fase. Pregúntate:
1. ¿Qué llegaría a mi vida, a la vida de mis hijas e hijos si el enfado lo viviese como una emoción más (como la alegría, el amor…) de forma natural, normal y necesaria?

2. ¿Qué llegaría a mi familia si el enfado lo expresara de forma adecuada, comunicando lo que me molesta sin herir a las personas implicadas, sólo exponiendo y proponiendo?
3. ¿Cómo sería el día a día, en la relación familiar, en la relación con tus hijas e hijos si no hubiese gritos, si no hubiese reproches, ni amenazas, ni castigos, ni golpes?

2.ª fase. Toma una nueva decisión.
Ahora, toma una nueva decisión: a partir de hoy, ¿a qué estás dispuesta para abandonar estos viejos patrones que no deseas? Anota tus nuevas decisiones y acciones.

NOTA del día:
Te deseo que hoy sea un nuevo día, porque tomes una decisión de cambio, de abandonar ya esos viejos ropajes que son ese patrón antiguo del grito, de la amenaza y del castigo.

Día 10. ¿De dónde salen las emociones? ¿De dónde sale el enfado?

Nuestras emociones salen de tres decisiones. Si, de tres decisiones. Te lo cuento.

Toda decisión es emocional. Las decisiones no son lógicas, son emocionales.

Si no fuese por las emociones de miedo, asco… seguramente hoy ni tú ni yo estaríamos aquí. Estas emociones llevaron a nuestros antepasados a atacar o huir de peligros, a no comer alimentos en descomposición y un largo etcétera. Las emociones nos han ayudado a la supervivencia, a la comunicación, a la transmisión de conocimientos a través de la memoria, al aprendizaje y, por supuesto, a la toma de mejores decisiones.

El 80 % de tus decisiones dependen de tu estado emocional y el 20 % de la estrategia (herramientas, técnicas, recursos…).

Cuanto mejores sean tus emociones, mejores serán tus decisiones y por consiguiente tu respuesta ante las situaciones o acontecimientos.

Como madre, como padre, quizá hayas buscado estrategias, herramientas, trucos, consejos… que te ayuden a afrontar o erradicar los conflictos o momentos emocionales intensos. Pero eso es irreal porque, al igual que el enfado, los conflictos son naturales, normales y necesarios para crecer.

Por muy buenas estrategias que tengas o conozcas, si tu estado emocional no acompaña, no las podrás utilizar con la calma, paciencia, comprensión y el amor necesario. Además, tu estado emocional es «la Herramienta» que te acompañará en todo el camino de crecimiento y desarrollo de tus hijas e hijos, con independencia de la edad que tengan o la etapa en la que se encuentren.

Por eso, el enfado se vuelve a convertir de nuevo en tu aliado, porque te va ayudar a descubrir qué tres decisiones estás tomando constantemente para que tu emoción recurrente/frecuente, pese a no desearla, sea la que gobierna una gran parte del tiempo la relación con tus hijas e hijos.

Las emociones salen de tres decisiones que tomamos constantemente, de manera consciente o inconsciente.

Esas tres decisiones resultan de la respuesta a las preguntas siguientes. Toma nota:

1. ¿En qué me enfoco?
2. ¿Qué significado le doy a ese enfoque?
3. ¿Qué voy a hacer?

Te cuento sobre estas preguntas un poco más.

1. ¿En qué me enfoco?

La relación con tus hijas e hijos se construye desde aquello a lo que prestas atención, aquello en lo que tu mente está entretenida, lo que dirige tus pensamientos.

Enfoque es ahí donde va tu atención. Porque donde va tu enfoque va tu energía.

Tu vida está controlada por tu enfoque. Y de tu enfoque dependen tus valores, reglas y creencias. ¿Te suena todo esto?

Por ejemplo, ahora que estamos hablando del enfado, es posible que la relación con tus hijas e hijos no se encuentre tan influenciada por el enfado, pero como tu enfoque está constantemente fijándose en las situaciones de enfado te resulta difícil ver los buenos momentos que sí que compartes con tus hijas e hijos.

Por tanto, ¿en qué te enfocas?

- ¿Pasado, presente o futuro?
- ¿En ti, en tus hijas e hijos, o en quienes hay a tu alrededor?
- ¿En recursos o en ingenio?
- ¿En oportunidad o en riesgo?

Puede que te estés preguntando qué significa esto. Te explico un poquito.

¿Pasado, presente o futuro?

Cuando te pregunto sobre si tu enfoque está en pasado, presente o futuro, me estoy refiriendo a esos momentos en los que estando con tus hijas e hijos sucede algo, puede ser un tipo concreto de comportamiento o una situación.

En esos momentos, ¿cuál es tu decisión (consciente o inconsciente)?

¿En qué decides consciente o inconscientemente enfocarte? ¿En el miedo? Es decir, te vas a «futuro» y comienzas a anticipar las situaciones que podrían llegar a ocurrir si ese comportamiento de tu hija o hijo se prolongase en el tiempo (por ejemplo, insultos, golpes…).

Concluyes que si no pones un castigo, tu hija o tu hijo en el futuro (la adolescencia por ejemplo) te podría llegar a agredir a ti o a otras personas.

¿O decides enfocarte en el «presente», en el ahora? Es decir, te enfocas en lo que en ese momento tu hija o hijo expresa, siente y necesita emocionalmente, y le atiendes y acompañas con comprensión, respeto y amor incondicional.

¿En ti, en tus hijas e hijos, o en quienes hay a tu alrededor?

Cuando te pregunto sobre si tu enfoque está en ti, en tus hijas o hijos o en las personas de alrededor me estoy refiriendo a esos momentos en los que ocurre un conflicto en presencia de otras personas. ¿Tú qué haces? ¿Respondes atendiendo a sus necesidades emocionales o como chocan con las tuyas te centras en ti? ¿O tratas de solucionar ese conflicto, esa situación, de forma que quedes bien delante de los demás respondiendo a las expectativas de las personas que miran/que hay a tu alrededor?

Por ejemplo, estáis comiendo en casa de tus padres y tu hija pequeña no quiere comer porque no le gusta esa comida. ¿Respetas su decisión porque comprendes que la forma de cocinar de tus padres no es igual que la tuya y tu hija lo percibe y no desea esa comida? ¿O insistes, obligas a tu hija a probar, comer… porque tus padres miran y están diciendo o pensando que la tienes malcriada o que te mangonea?

¿En recursos o en ingenio?

¿Te enfocas en recursos, en estrategias, en herramientas que te proponen desde fuera para afrontar las situaciones con tus hijas e hijos o conectas en cada ocasión y oportunidad con tu ingenio? El ingenio es esa «niña interior» curiosa, creativa, juguetona, divertida, que te permite llegar mejor a tu hija y a tu hijo, creando tus propias respuestas a cada situación.

¿En oportunidad o en riesgo?

¿Te enfocas en que ese conflicto, ese enfado, es una oportunidad para dar amor a tus hijas e hijos, para dar referencia de gestión emocional, para acompañarles… o lo vives como un riesgo que atenta a tu identidad de madre, que atenta a tu armonía personal y a la familiar?

Ahora, la segunda pregunta.

2. ¿Qué significado le doy a este enfoque?

Y el enfoque, aquello a lo que prestas atención, siempre tiene un significado. La vida misma es SIGNIFICADO, el que tú le das. Para unas personas la vida es lucha, sacrificio…, y para otras es alegría, diversión…

Yo recuerdo a mi madre decir muchísimo la palabra «sacrificio». Para ella todo era sacrificio: «Ay, hija mía, cuánto sacrificio», «Ay, hija mía, cuánto esfuerzo», «Ay, hija mía, cuánto trabajas». Y para mí, hasta no hace mucho, la vida significaba «lucha». Siempre estaba «en lucha» para conseguir algo. Así, es difícil disfrutar de la vida y encontrar placer, ¿no crees?

¿Cuál es el significado que das a la relación con tus hijas e hijos? ¿Es un significado de dolor o de placer?

Porque nuestro cerebro funciona a través de asociaciones (conexiones neuronales) de dolor o placer. Evitar dolor, buscar placer.

Porque la relación con tus hijas e hijos es el SIGNIFICADO que tú le das (oportunidad, crecimiento, reto, disfrute, sacrificio, injusticia, lucha…). Por eso es tan importante detectar el significado que tú, en concreto, das a esos momentos que tienen como resultado la expresión de tu enfado a través de los gritos.

Y, por último, la tercera pregunta.

3. ¿Qué voy a hacer?

¿Qué respuesta, qué tipo de comportamiento o acción vas a tomar? ¿Vas a hacer algo o no vas a hacer nada?

¿Vas a aceptar, a respetar, a empatizar, a acompañar, a dar amor, o vas a gritar, a etiquetar, a castigar, a amenazar, a retirar el amor a tus hijas e hijos?

Tu enfoque más tu significado tiene como resultado un conjunto de emociones.

Y desde las emociones, tomamos decisiones, que no son otra cosa que acciones.

Una decisión sin acción es una mera intención.

Y como cierre, a modo de conclusión.

La emoción del enfado es el resultado de algo que haces recurrentemente y que construyes mediante enfoques y significados.

Y el grito, es la acción que sale de esa emoción. Para saber qué hay detrás de esa acción (que hay detrás del grito), tienes que ir para atrás para descubrir cuál ha sido el enfoque y el significado que ha motivado esa emoción y esa acción.

Propuesta del día 10:

En la relación con tus hijas e hijos:

1. Descubre dónde tienes puesto tu enfoque. (Marca una cruz allá donde esté puesto tu enfoque).
   - ❏ ¿En el futuro, anticipando situaciones que te dan miedo o te preocupan?
   - ❏ ¿En el pasado, recordando cosas que ocurrieron y no quieres que se repitan?
   - ❏ ¿En el presente dándoles lo que demandan y necesitan?
   - ❏ ¿En tus hijas e hijos y en sus necesidades emocionales? ¿En las tuyas? ¿O en las personas de alrededor?
   - ❏ ¿En recursos y estrategias que te llegan de fuera o en tu ingenio, en la conexión con tus hijas e hijos desde tu niña interior?
   - ❏ ¿En los problemas de la crianza o en las oportunidades?

2. Descubre qué significado das a la crianza. (Marca una cruz en el significado que das a la crianza).
   ❏ ¿Dolor?
   ❏ ¿Placer?

3. ¿Qué acciones tomas habitualmente? (Marca una cruz en las acciones que tomas habitualmente).
   ❏ Aceptar, empatizar, respetar, comprender, acompañar, dar amor.
   ❏ Gritar, etiquetar, castigar, retirar el amor.

Sé honesta contigo. Ten el coraje de ser auténtica, comprometida, honesta y compasiva. Y desde ahí responde a estas preguntas. Porque sólo tomando consciencia de qué tres decisiones tomas podrás obtener «el poder» de decidir de forma consciente cambiar tus enfoques, significados y acciones.

Y te garantizo que ahí, de verdad, radica el cambio principal del enfado al amor.

Día 11. ¿Qué influye en mis decisiones?

Ya hemos visto como toda decisión es emocional y como las emociones son clave en los resultados que tenemos en nuestra vida.

Pero, ¿de qué dependen estas tres decisiones tan importantes?

Te recuerdo las tres preguntas que dirigen tus decisiones: ¿en qué me enfoco?, ¿qué significa el enfoque?, ¿y qué voy a hacer?

Tus decisiones están marcadas por cuatro influenciadores. Descubrir qué está influyendo en estas tres decisiones te brindará la oportunidad de cambiarlas.

Te has preguntado:

- ¿Por qué a veces por más que lo intentas no logras cambiar una decisión o un comportamiento? Por ejemplo: gritar a tu hija o a tu hijo.
- ¿Por qué aun teniendo habilidades, herramientas, técnicas o conocimientos increíbles sobre crianza consciente y respetuosa o sobre otra disciplina o pedagogía no consigues abandonar esos comportamientos que tienes cuando te enfadas y que no te gustan nada?
- ¿Cuál es la mejor manera de gestionar tus emociones, y en particular el enfado, a diario?

Los cuatro influenciadores de las emociones son los siguientes:

- La energía, masculina y femenina.
- Tu estado mental *(mindset)*.
- Tu estado emocional.
- Tu mapa mental, el GPS que te guía por la vida, y que comprende tus valores, tus creencias, tus necesidades emocionales, tus patrones emocionales, etc.

En los próximos días dedicaremos cada día a uno de estos influenciadores. De forma que descubras qué está dirigiendo tu enfoque, tu significado y lo que haces. Con esta información podrás tomar nuevas decisiones que te acerquen a convertir el enfado en tu aliado. Porque disponer de esta información te ayudará a transitar esta emoción recurrente hacia una emoción diferente o al menos a expresarla de forma más adaptativa.

Propuesta del día 11:

Sin haber entrado a conocer el significado de cada uno de estos influenciadores, reflexiona sobre qué crees que condiciona tus decisiones de enfoque, significado y acción en la crianza, en la relación con tus hijas e hijos hasta el día de hoy.

Así repasas el entrenamiento de ayer y te preparas para comprender las claves de los próximos días.

Día 12. ¿Cómo activa el enfado mi energía?

Ayer, en el día 11, comenté que hay cuatro influenciadores de las decisiones. Te recuerdo cuáles son las tres preguntas que dirigen tus decisiones: ¿en qué me enfoco?, ¿qué significado le doy a ese enfoque?, y ¿cómo actúo?

Uno de esos cuatro influenciadores es la energía.

Somos energía. Todas las personas tenemos energía femenina y masculina, si bien una de ellas es predominante. Es como el dibujo del yin y el yang, que contiene la parte blanca un puntito negro y la parte negra un puntito blanco. Pues nosotras somos así. La energía predominante siempre cuenta con un «puntito» de la otra energía.

En *coaching* estratégico decimos que la energía consta de cuatro partes:

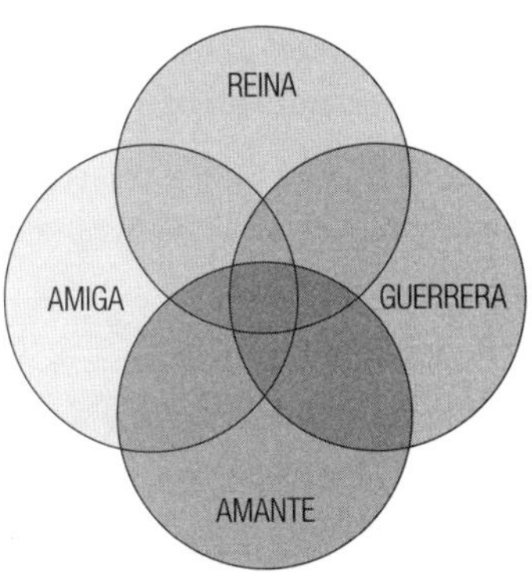

- Reina/Rey (cambia la forma según la energía sea masculina o femenina): En esta parte está la visión de cómo queremos que sea nuestro reino, es decir, cómo queremos que sea cada una de las áreas de nuestra vida: familia, salud, amor, carrera profesional, finanzas, emociones...

- Guerrera/Guerrero: Es la parte que analiza, planifica y ejecuta, la parte que va a «pelear» para que esa visión del reino se haga realidad. Y «pelea» con compromiso, buscando soluciones a cada problema que surge hasta alcanzar los resultados deseados.

¿Te pongo un ejemplo de estas dos partes?

Imagínate un rey o una reina que dice: «Tengo la visión de que mi país se expanda y logremos anexionar otros países para ampliar nuestras fronteras». Esto sería la visión, en la cual establece lo que quiere conseguir para el reino.

La parte guerrera sería quien tiene que conseguirlo, que ejecutarlo. Entonces el rey o la reina envía al ejército a conquistar esos otros países. ¿Y qué hace el ejército, «el guerrero» o «la guerrera»? Pues se compromete, elabora estrategias, va a conquistar. Si fracasa, se repliega, elabora nuevas estrategias y así una y otra vez, con compromiso, «pelea» hasta encontrar soluciones a los distintos problemas/obstáculos para alcanzar los resultados deseados, que son el logro de esa visión del reino.

- Amante: Es la parte vulnerable y tierna. Donde mostramos nuestra debilidad y también el amor más incondicional. Esta parte queda para la pareja, para las hijas y los hijos, para la intimidad. Esta parte es la que nos permite conectar, comprender, sentir y expresar compasión y aceptación.

- Amiga/Amigo: Es la parte de conexión y diversión con las amistades. Cada cual respecto a su referente energético (masculina-masculina, femenina-femenina). Esta parte nos permite desde actuar de forma divertida hasta expresar locuazmente nuestras emociones. Todo ello desde la conexión.

¿Qué ocurre?

Pues que a veces se producen desequilibrios en la energía masculina o femenina y entonces decimos que nos polarizamos.

Si funcionamos en las partes altas a nivel energético, que son las de *rey/guerrero o reina/guerrera* (que son las de planificación, ejecución, acción, lucha…), nos polarizamos y decimos que funcionamos como «hiperdemandantes o hiperexigentes».

Las características que presentan quienes funcionan en estas dos partes altas de la energía, en este tipo de polarización, son que siempre están exigiendo, poniendo el foco en lo que no está bien, nada les complace, comparan, ejercen el control y la dominación mediante la queja, pudiendo llegar a la violencia física, verbal o psicológica.

Si funcionamos en las partes bajas a nivel energético, que son las de *amante/amiga-amigo* (que son las de vulnerabilidad, conexión, amor, entrega, compasión, intuición…) nos polarizamos y decimos que funcionamos como «sumisas o sumisos».

Las características que presentan quienes funcionan en estas dos partes bajas de la energía, en este tipo de polarización, son la actitud comprensiva, cariñosa, divertida… comprenden a las demás personas, se quejan pero no hacen nada, justifican el que a veces reciben maltrato o que no se les aprecie o valore, obedecen, no cuestionan.

De lo que se trata es de estar equilibradas y saber utilizar cada parte en el momento adecuado. Porque estas partes de nuestra energía son como las marchas de un coche. Para estar en equilibrio energético hay que saber utilizar la parte o marcha adecuada en cada momento.

Por ejemplo, para iniciar la marcha con un vehículo no ponemos la quinta marcha, ni para subir una cuesta. En ambos casos utilizamos marchas cortas. Porque si utilizáramos una marcha larga el coche se ahogaría y podría incluso pararse, y claro, así no se puede avanzar.

De esto trata el tema de energía.

No se trata de utilizar las cuatro partes energéticas al mismo tiempo, se trata de saber con qué parte energética he de funcionar en cada momento.

Puede que te preguntes, ¿y esto qué tiene que ver con el enfado y con la relación con las hijas y los hijos? Pues tiene que ver muchísimo.

¿Cómo afecta esto a tu relación con tus hijas e hijos?

Pues afecta cuando acudes a la relación con tus hijas e hijos, a su encuentro, con una energía inadecuada.

En muchas ocasiones acudimos a su encuentro en la parte o marcha «guerrera», de «lucha». En la marcha de «lucha» que traemos del batallar diario, de los trabajos o de solucionar historias familiares o problemas del hogar. Y acudimos en marcha de «guerrera» al encuentro, lo que nos predispone a la confrontación, al enfado y a una lucha de poderes con nuestras hijas e hijos.

Necesitas acudir en «modo amante», para ofrecer a tus hijas e hijos comprensión desde el corazón y todo tu amor incondicional hacia sus comportamientos, porque como te he dicho en días pasados «todo comportamiento siempre, en origen, tiene una intención positiva de prevenir, proteger o servir para cubrir necesidades emocionales».

Por tanto, es muy importante equilibrarnos, ser capaces de identificar y reconocer en qué «marchas» energéticas funcionamos habitualmente por no tener desarrolladas las otras partes que necesitamos o porque nos hemos visto obligadas a funcionar en esas marchas de guerrera por las situaciones vitales.

Pero es muy muy importante que acudamos a la relación con nuestras hijas e hijos en la parte energética de «amante», en «modo amor», sobre todo para poder acompañar emocionalmente con comprensión, respeto y amor.

Sólo desde esta parte energética podrás acompañarlos como necesitan, merecen y quieres.

Propuesta del día 12:

Contesta a estas preguntas.

1. ¿Con qué parte o partes acudes a la relación con tus hijas e hijos?
2. ¿Qué consecuencias ha tenido? Positivas o negativas. Explícalas.

3. ¿Qué pasaría si tomases control de la parte o partes menos desarrolladas? ¿Qué pasaría si comenzaras a acudir a la relación en «modo amante»? ¿Qué pasaría si comenzaras a desarrollar esa parte de estar en «modo amoroso» con tus hijas e hijos?

4. ¿Cuáles son los cambios positivos que llegarían a la relación con tus hijas e hijos?

Día 13. ¿Qué estado mental favorece más mi enfado?

El estado mental o *mindset* es la actitud fija y recurrente que predetermina la interpretación y respuesta de una persona ante una situación.

Es la actitud con la que damos respuesta a las diferentes circunstancias que nos acontecen.

En *coaching* estratégico decimos que hay tres tipos de actitudes mentales. Esto es importante tenerlo claro, hablamos de «actitud», no de que la persona sea así. Se trata de la actitud que la persona mantiene de forma recurrente ante una situación o un área de su vida concreta.

Como te decía, hay tres tipos de estados mentales o actitudes mentales: víctima, avestruz y guerrera.

¿Qué características presentan estos diferentes tipos de actitud?

Voy a describir las características de estos tres tipos de actitud mental en el marco de la crianza, de la familia y, por supuesto, del enfado, que es la emoción que estamos tratando.

La actitud de víctima

Las personas que mantienen siempre una actitud de «víctima» CULPAN.

- Se culpan a sí mismas por su cansancio, por el estrés, por la falta de tiempo.
- Culpan a su pareja porque no está lo suficiente o no la apoya.
- Culpan a la familia porque no está o está lejos (geográficamente hablando) o no la apoya como desea y espera…
- Culpan a la sociedad, al entorno, a la ciudad donde viven…

Las personas cuya actitud es de queja, de victimización, encuentran porqués, se cuentan historias de por qué no logran (en esta área) dejar de gritar, de amenazar, de repetir las mismas cosas que se habían prometido no hacer. Justifican el por qué no logran criar, educar y acompañar a sus hijas e hijos como desean. Y, así, con estas historias, se protegen y no pasan a la acción.

En definitiva, las personas que mantienen una actitud de «víctima» no consiguen los resultados deseados en el área en que presentan esta actitud. En este caso, no consiguen la relación con sus hijas e hijos que desean y merecen.

La actitud de avestruz:

Las personas que mantienen una actitud de «avestruz» IGNORAN.

Si te paras a pensarlo bien, te darás cuenta de que realmente el avestruz es un animal muy optimista. Ya que siendo de color blanco y negro (el macho) cree que poniendo su cabeza cerca del suelo (que no bajo el suelo) va a conseguir camuflarse con su entorno (lugares desérticos, secos y arenosos de África) y así no ser reconocido por sus depredadores naturales. Es optimista por naturaleza.

Por tanto, la actitud de «avestruz» hace referencia a personas que ignoran la realidad y aceptan como normal lo que no les gusta y les duele de su forma de criar.

Nos encontramos con muchísimas madres y padres, a veces nosotras mismas, que nos justificamos diciendo «Bueno, esto es lo que hay», «Yo también me crie así, con gritos, castigos y no he salido tan mal», «Esto es una etapa y pasará», «Cuando mi hija o hijo cambie su comportamiento yo cambiaré».

Son optimistas, piensan que todo va a cambiar en la relación con sus hijas e hijos aunque no hagan nada para ello.

Las personas que mantienen una actitud de «avestruz» se protegen, manteniéndose donde están (en la zona de confort) con miedo, duda (y si no grito ¿cómo voy a mantener mi autoridad?, ¿y si eso nuevo tampoco funciona?) y procrastinación (el postergar para más adelante hacer un cambio, diciendo mañana, el lunes, la semana que viene, el primer día del mes próximo…).

La actitud de guerrera:

Las personas que mantienen una actitud de guerrera AVANZAN:

- Consideran que los problemas son regalos, oportunidades. Cuantos más problemas soluciono, más valor tengo.

- El éxito en la crianza lo interpretan como resolver los problemas más rápidamente.
- Buscan soluciones desde la creatividad, la curiosidad, el juego…
- Son resilientes al fracaso porque pasan a la acción y luego evalúan.

Las personas que mantienen una actitud «guerrera» se adueñan del problema, persisten una y otra vez en el objetivo de criar a sus hijas e hijos como quieren, desean y saben que merecen; y no cesan en buscar soluciones hasta conquistar el problema. No cambian el objetivo de criar de forma consciente y respetuosa, lo que hacen es cambiar las estrategias, cambiar los estados emocionales…

Se ponen en el estado emocional, en el estado mental y en la energía más adecuada para criar de la forma que desean y sus hijas e hijos merecen.

Los estados mentales de víctima y de avestruz trabajan con motivación. ¿Esto qué significa? Pues que cuando estoy muy motivada, lo hago, pero en cuanto surge el primer problema, el primer revés, me desmotivo y abandono. La motivación sin compromiso es como una cerilla, en cuanto llega el primer soplo de aire se apaga y desaparece.

Sin embargo, desde el estado mental de «guerrera» se trabaja con compromiso. Las madres, los padres, no podemos permitirnos estar motivados o motivadas y que la motivación desaparezca en cualquier momento. Las madres, los padres, tenemos que estar comprometidas y comprometidos. Porque si no, en cuanto las cosas no salen como queremos, nos desmotivamos y entramos en el bucle del enfado por no cumplirse nuestras expectativas.

Estamos comprometidas y comprometidos con nuestras hijas e hijos y no los abandonamos, aunque sus comportamientos no nos gusten. Ese compromiso nos tiene que llevar a buscar soluciones de cambio, pero no en ellas o ellos, sino en nosotras y en nosotros. El compromiso lleva a la acción, a la búsqueda de soluciones hasta conseguir el resultado deseado.

¿En qué actitud te has visto más reflejada?

Mientras estés en víctima o en avestruz difícilmente te adueñarás del problema, difícilmente pasarás a la acción y obtendrás resultados.

Los estados mentales de víctima y de avestruz se retroalimentan, pasando de uno a otro en un círculo infinito.

Cuando estoy en víctima, culpo, culpo… Pero un día me levanto motivada y veo todo de color de rosa y estoy segura que lo voy a conseguir, pero comenzaré a actuar mañana. Y cuando esos «mañanas» pasan unos tras otros sin tomar la decisión de hacer algo para cambiar, me desmotivo, me justifico, me vuelvo a contar historias otra vez de por qué no he comenzado o por qué he fracasado, y así me encuentro de nuevo en el estado mental de víctima.

El dolor que sientes ante tu propio comportamiento de gritar, etiquetar, castigar, amenazar, golpear… se convertirá en frustración, sufrimiento y finalmente en impotencia o indefensión aprendida.

Cuando estamos aquí, llegamos al convencimiento de que ya no podemos hacer nada. Y es en ese momento cuando nos damos cuenta de que, en lugar de obtener resultados con nuestras hijas e hijos, sufrimos las consecuencias de la no acción.

Piensa en la relación con tus hijas e hijos

1. ¿Por qué no consigues los resultados esperados o deseados? ¿Por qué no consigues comunicarte amablemente, amorosamente con tus hijas e hijos dejando a un lado los gritos?
2. ¿Te cuentas historias de por qué no puedes? Porque estoy estresada, porque estoy cansado, porque no tengo tiempo, porque tienen un carácter difícil, porque no tengo apoyo…
3. ¿Hay alguien que no te permite hacerlo? ¿Tu pareja, tus padres, tus suegros, el entorno, la sociedad…?
4. ¿Te faltan recursos? o ¿te falta ingenio? El ingenio es la curiosidad, la creatividad… En definitiva, poder conectar con tu niña o niño interior para poder, desde el juego, la creatividad y la curiosidad, afrontar la situación que te preocupa en la crianza.
5. ¿Lo intentas una y otra vez sólo para fracasar y volver a lo mismo, a seguir gritando, castigando…?
6. ¿Haces aquello que conoces aunque no te guste o haces algo diferente que te lleve a resultados diferentes?
7. ¿Actúas con motivación o con compromiso? ¿Persistes en tu acción hasta conseguir implementar el cambio, la transformación en ti?

Propuesta del día 13:

1. Cuál es «la actitud» que mantienes en la relación con tus hijas e hijos?

   Escucha tu diálogo interior y podrás saber en qué actitud estás: víctima, avestruz o guerrera.

2. ¿Cómo te enfrentas a las situaciones, acontecimientos o circunstancias que se suceden en la crianza? ¿Motivada o con compromiso buscando soluciones hasta obtener los resultados deseados?

3. Y esos resultados ¿llegan desde el amor o desde el miedo?

NOTA del día:

No dejes pasar esta oportunidad de trabajo personal para adueñarte de la situación e iniciar un cambio de estado mental, un cambio de actitud ante la crianza. Usa tu fisiología para reconocer tu estado mental. Verás que es muy diferente.

Día 14. Hacemos lo que hacemos para cubrir necesidades emocionales

De la misma forma que el cuerpo necesita ciertas cosas para mantenerse operativo (comer, beber agua…), lo mismo ocurre con nuestro sistema nervioso.

Existen ciertas emociones que todos los seres humanos tenemos que experimentar con frecuencia e intensidad para sentirnos vivos.

No son caprichos, ni preferencias o prioridades, se trata de las necesidades emocionales primarias (NEP).

Las NEP son alimento emocional y sin él moriríamos como las plantas sin agua.

Aunque todas las personas tenemos las mismas necesidades emocionales primarias, tanto las personas adultas como las niñas y los niños, cada una valoramos tres de ellas por encima de las demás.

Nuestras decisiones y acciones diarias están encaminadas a cubrir estas tres necesidades emocionales preferentes. Incluso podemos llegar a violar nuestros valores, si es necesario, para cubrir alguna de estas necesidades emocionales. Descubrir tus necesidades emocionales primarias, las tres preferentes y las de tus hijas e hijos, te dará el control y el poder necesario para gestionarte a ti y a tus hijas e hijos de una manera más eficaz. Te dará el poder de decidir en vez de reaccionar.

(Contenido tomado del manual de «Momentum 2017» de Tino Fernández Valls)

Ahora, con lo que te voy a contar, te darás cuenta de cómo el enfado es una estrategia que todas las personas, incluida tú, utilizamos en muchísimas ocasiones para cubrir alguna o algunas de nuestras necesidades emocionales.

Tomo el modelo elaborado por Tino Fernández Valls (*coach* estratégico, mentor, formador, *speaker*), en el que nos propone que hay ocho NN. EE. (necesidades emocionales): las seis primeras relacionadas con la mente y el cuerpo (supervivencia) y las dos últimas relacionadas con el ser.

– Amor. – Pertenencia. – Reconocimiento. – Control - Seguridad. – Diversión - Variedad. – Drama	SUPERVIVENCIA
– Desarrollo. – Trascendencia.	SER

Cada una de estas necesidades puede cubrirse con estrategias constructivas o no constructivas.

Cubrir estas necesidades emocionales condiciona dónde ponemos nuestro enfoque y qué significado le damos.

Por eso, las necesidades emocionales primarias son uno de los cuatro influenciadores de las tres decisiones que tomamos cada día, en cada momento, de forma constante, consciente o inconscientemente.

Te voy a explicar un poco estas necesidades emocionales.

Amor

Es la base para vivir, todas las personas necesitamos amor. La persona sin amor muere.

A mediados del siglo XIX, miles de bebés de edades comprendidas entre los 6 y 9 meses morían en los hospicios de todo el mundo a causa de una enfermedad a la que se llamó el «marasmo». Eran bebés aparentemente sanos, que tenían depresión, dejaban de mantener el contacto visual, de alimentarse, de comunicar…, lo que les llevaba a la muerte.

Diferentes doctores llevaron a cabo investigaciones, en las cuales se concluyó que la mortalidad infantil en niños menores de 2 años en instituciones para huérfanos era del 100 %.

Fue el doctor Fritz Talbot, un pediatra de Boston, quien comenzó a estudiar el marasmo. Visitó muchos hospicios y varias clínicas infantiles en diferentes países, en las que encontraba los mismos niveles de mortalidad, a excepción de un lugar: un hospicio en Düsseldorf. La única diferencia, era «la vieja Anna». Cuando los niños no mejoraban pese a haberse hecho todo lo posible por ellos desde el punto de vista médico, se los entregaban a la vieja Anna, que los «cargaba» sobre su cadera.

Hoy está comprobado que cuando el bebé recibe caricias y contacto amoroso a través de miradas provistas de ternura, palabras suaves, es contenido y acariciado, el cerebro envía órdenes a la hipófisis, activando así el crecimiento adecuado para su edad. Cuando esto no ocurre de forma adecuada, el crecimiento se detiene o se altera.

(Contenido extraído del artículo «Miles de bebés murieron por falta de contacto humano», de MERCEDES GRANDA)

El contacto físico, las palabras de afirmación… son lenguajes de amor, son formas de cubrir constructivamente la necesidad emocional primaria de AMOR.

¿Cómo se cubre la necesidad emocional de amor?

- La cubrimos de forma constructiva a través de las amistades, la pareja, las relaciones afectivas.
- Las cubrimos de forma no constructiva a través del control, donde también aparecen los celos.
- Cuando no tenemos amor o sentimos que lo perdemos surge el control = celos. (Atención, porque esto es lo que ocurre cuando nace un segundo hijo o hija, el hijo primogénito o la hija primogénita siente que pierde el amor y surge el control o sobre los padres o las madres o sobre el nuevo miembro a través de los celos).

También los padres o las madres, a veces, sentimos que perdemos el amor de la pareja cuando nacen las hijas e hijos. Porque pasan nuestras hijas e hijos a obtener una mayor atención en detrimento de la que antes recibíamos de nuestra pareja. Y utilizamos el enfado para llamar la atención de nuestra pareja.

Pertenencia

Somos seres sociales. Hacemos lo que sea para sentir pertenencia.

¿Cómo se cubre la necesidad emocional de pertenencia?

- La cubrimos de forma constructiva uniéndonos a otras personas, formando parte de un club o de equipos de deporte, de grupos, de asociaciones…
- Las cubrimos de forma no constructiva apartándonos o marchándonos o no participando de estos grupos, asociaciones…
- Por ejemplo, aun cuando discutimos con la familia e incluso rompemos con ella y no nos hablamos, seguimos formando parte de ella, nos vincula la propia ausencia.

Reconocimiento

Todo el mundo necesita que se lo reconozca y se lo vea, si no eres visible eres invisible. Esto es supervivencia, NO ES EGO.

Todas y todos necesitamos reconocimiento. Si bien cuando la estrategia de reconocimiento no es buena no se cubren las necesidades primarias de amor y pertenencia.

Para comprenderlo voy a utilizar como ejemplo el comportamiento de las niñas y niños.

Las niñas y niños a veces reclaman atención/reconocimiento. Piden que nos sentemos con ellas y ellos, que juguemos, que los miremos mientras hacen algo, que los escuchemos, que los acompañemos a ver algo. Llaman nuestra atención. Pero cuando esta estrategia constructiva de petición no es atendida, buscan estrategias no constructivas para conseguir esa atención, ese reconocimiento que necesitan.

Y entre esas estrategias no constructivas las niñas y los niños rompen algo o golpean o pegan o hacen algo que no está bien. Todo para llamar la atención. El gran problema es que con estrategias no constructivas, aunque logren cubrir la necesidad emocional de reconocimiento/atención, no logran cubrir las necesidades emocionales primarias de amor y pertenencia, puesto que lo que reciben es reproche, a veces castigo, sintiendo que se les retira el amor y que no merecen ser parte de…

¿Cómo se cubre la necesidad emocional de reconocimiento?

- La cubrimos de forma constructiva a través de la imagen (color de pelo, ropa…), de los títulos, los logros, el éxito, el poder…
- Las cubrimos de forma no constructiva a través del perfeccionismo, de estados emocionales de tristeza o enfado, de tener la razón siempre, la violencia…

Control, seguridad

Necesitamos tener la certeza de que vamos a tener siempre lo mínimo posible de amor, pertenencia y reconocimiento.

Cuando tenemos la necesidad de querer saberlo todo, de saber qué va a ocurrir… es que tenemos miedo.

Todas las personas necesitamos sentir certeza, pero cuanto más alta sea tu necesidad de control más grandes serán tus miedos y mayores cabreos y enfados tendrás, ya que por mucho control que imprimas a tu vida, no puedes controlarlo todo, ni controlar las acciones de las demás personas, ni de tus hijas e hijos, ni de la naturaleza. Como ves, la necesidad emocional de control/seguridad y la emoción del enfado están muy relacionadas, al igual que con la de reconocimiento.

Cuando somos madres y padres, nuestra necesidad de control se «activa» de forma elevada en la mayoría, lo que nos lleva a sentir que el comportamiento de nuestras hijas e hijos nos impide satisfacer esta necesidad emocional.

¿Cómo se cubre la necesidad emocional de control?

- La cubrimos de forma constructiva a través del orden, las rutinas, las reglas y normas…
- La cubrimos de forma no constructiva a través del perfeccionismo, la dominación, los celos, la comida, el ejercicio compulsivo, los tiempos…

Diversión

No todo puede estar bajo control. Es necesaria la sal de la vida. Para ello pintamos, jugamos, contamos historias… Necesitamos la sorpresa, que las cosas sean inesperadas.

A veces nos divertimos buscando cosas que nos hagan olvidar rápido o cambiar rápido de estado emocional (beber, comer, drogas, generar conflicto por pequeñas cosas…).

El enfado es una manera de «divertirte». Sí, una forma muy intensa de cambiar de estado emocional. Una forma de poner variedad en una vida rutinaria es el enfado. Sí, enfadándonos, porque nos da variedad, consiguiendo así salir del estado de control, seguridad y aburrimiento que nos da la rutina.

Está claro que el enfado no es una estrategia constructiva de cubrir la necesidad emocional de diversión, pero desde luego es una estrategia también para conseguir diversión.

¿Cómo se cubre la necesidad emocional de diversión?

- La cubrimos de forma constructiva a través de la realización de actividades (ir al cine, caminar en la naturaleza, hacer ejercicio, charlar con amigas, viajar, ir a la peluquería, leer, aprender, ir de compras, hacer deporte de riesgo o no…) que nos producen estados emocionales positivos, de bienestar, diferentes de los habituales o más recurrentes.

- Sabrás si estas actividades/estrategias constituyen una estrategia constructiva si te gustan, si son buenas para ti y para tu entorno y si son sostenibles en el tiempo (por ejemplo, fumar no es sostenible en el tiempo, porque produce graves enfermedades que incluso pueden causar la muerte).

- Las cubrimos de forma no constructiva a través de acciones que, aunque nos puedan gustar, no son beneficiosas ni respetuosas con nosotras mismas (beber, fumar, tomar drogas, darse atracones de comida…) o a través de cambios a estados emocionales como el enfado, la desesperanza, la ansiedad…

Drama

Vamos a morir. Es lo único cierto que sabemos desde que nacemos.

Todo lo que tenemos se va a terminar. Y nosotros, los seres humanos, somos la única especie que es consciente de su propia muerte.

Como a nuestra sociedad no le gusta conectar ni hablar sobre la muerte necesitamos conectar con dramas.

Los dramas pueden ser propios. Puede que tu pienses ahora mismo, «Pero si yo no soy nada dramática». ¿No? Cuántas veces dices «¿A que no sabes que ha hecho mi hija?», «¿A que no sabes lo que me ha pasado?», «Uy, si yo te contase lo que me pasó a mí…», «Es que con el carácter que tiene mi hijo». Vivimos la relación con nuestras hijas e hijos como un drama.

Los dramas pueden ser ajenos. Los problemas de las demás personas nos conectan con el drama. Puede ser a través del cine, programas de sucesos, enfermedades, accidentes…

Y si vamos a las redes sociales en Internet, podremos observar como en Facebook, por ejemplo, las publicaciones que más interacción generan son aquellas que hablan de esos pequeños o grandes dramas de las personas que los publican.

Sin embargo, queremos que el drama acabe bien (al final se casó, murió el malo, logró recuperarse…).

¿Cómo se cubre la necesidad emocional de drama?

- La cubrimos de forma constructiva a través de leer novelas, ver telenovelas, series o películas o teatro cuyo género es «drama»…
- Las cubrimos de forma no constructiva cuando vivimos nuestra vida como un drama (cualquier pequeña adversidad o contratiempo, un accidente, una enfermedad…).

A veces creamos nuestro propio drama a través de problemas con la comida o con el dinero o relaciones tóxicas o con las hijas e hijos…

Desarrollo

Esta necesidad emocional está conectada con nuestro SER. Hablamos del desarrollo y crecimiento que te lleva a salir de donde estás y subir al siguiente nivel. Estamos ante una necesidad emocional que se refiere a la necesidad de desarrollo «interior», que te obliga, que te impulsa a salir de tu zona de confort para asumir esos miedos y crecer.

Esta necesidad emocional nos habla de la necesidad de saber quiénes somos, por qué estamos aquí, cuál es nuestra misión o papel en esta vida… Nos habla de conectar con nuestra esencia, con nuestro ser esencial.

¿Cómo se cubre la necesidad emocional de desarrollo?

- La cubrimos de forma constructiva a través de estrategias que nos llevan al autoconocimiento, al encuentro de nuestra misión, a vivir con consciencia… Hay múltiples estrategias que pueden ayudar a cada persona a encontrarse y desarrollarse en consciencia, comprensión, aceptación, compasión…
- Las cubrimos de forma no constructiva cuando:
  - El medio se convierte en el objetivo. Por ejemplo, practicar yoga sería el medio y el objetivo encontrar equilibrio, restablecer la salud. A veces olvidamos que hay múltiples estrategias para ayudar al objetivo, y al olvidarlo elevamos el medio a fin.
  - Creemos que desarrollo es sinónimo de realizar cursos, acumular títulos… No, estas estrategias están orientadas a cubrir necesidades emocionales como seguridad o variedad o reconocimiento, pero no desarrollo, al menos no tal y como aquí lo definimos.

La maternidad, la paternidad, puede ser una gran oportunidad de crecimiento y desarrollo personal si utilizamos el reflejo que nuestras hijas e hijos nos ofrecen para abrazar a nuestra niña o niño interior herido, reparar heridas y comenzar a andar los senderos de la autoaceptación, el autorrespeto, la autocompasión (que no pena).

Trascendencia

Saber que de alguna forma seguiremos aquí después de la muerte. Ésta es una solución al drama. Es seguir viva aunque ya no estés a través del legado que dejas.

¿Cómo se cubre la necesidad emocional de trascendencia?

Formas de trascender: obras sociales, voluntariado, dar, contribuir, escribir un libro, tener hijas e hijos, el arte, las canciones…

Cuando nuestra vida se enfoca en cubrir esta necesidad emocional con estrategias constructivas, todas las demás necesidades emocionales quedan cubiertas, satisfechas. Porque cuando ayudas a otras personas de forma desinteresada (por ejemplo) recibes amor, te sientes importante, te sientes parte/perteneciente a ese proyecto o asociación, o te sientes segura de ti misma y al estar en contacto con otras personas siempre tienes diversión (cambios de estado emocional) y por supuesto creces, te desarrollas como ser.

Bueno, éstas son las ocho necesidades emocionales primarias que todas las personas tenemos. Pero cada día, operativamente, tú, yo, nuestras hijas e hijos, hacemos todo lo posible para cubrir al menos tres de ellas.

Ya te anticipo que en las niñas y niños, mayoritariamente las tres necesidades emocionales primarias en que se enfocan cada día son amor, control/seguridad y reconocimiento. Estas necesidades las cubren principalmente a través de nosotras y nosotros, madres y padres. Otra necesidad emocional que aparece es la de diversión, que la cubren a través de jugar, jugar, jugar…

Mi propuesta para hoy es que te observes, que te pares y te respondas. ¿Qué necesidades emocionales está cubriendo el enfado en tu vida?

Porque el enfado te va a dar una nueva información sobre cuáles son las tres necesidades emocionales primarias preferentes en tu comportamiento. Y comprobar si el enfado en tu caso, como lo ha sido en el mío, ha sido una emoción frecuente, recurrente, que te está ayudando de forma no constructiva a cubrir esas tres necesidades emocionales principales.

El descubrimiento de ellas te va a dar una nueva oportunidad, que consiste en buscar una estrategia mejor, una estrategia constructiva para cubrirlas y que no sea a través de esa forma tan negativa de expresar el enfado.

Propuesta del día 14:

Obsérvate y responde:

1. ¿Qué tres necesidades emocionales está cubriendo el enfado en tu vida?
2. ¿Qué nuevas estrategias constructivas puedes usar para cubrir esas tres necesidades emocionales principales para ti?

Día 15. Todo comportamiento tiene siempre, en origen, una intención positiva

¿Qué significa esto?

Ya te he ido hablando en días anteriores de este aspecto tan importante.

Todo comportamiento (el tuyo como mamá o como papá, el de tus hijas e hijos), tiene siempre, en origen (la primera vez que se realiza ese comportamiento), una intención positiva de:

- Prevenir.
- Proteger.
- Servir para conseguir un fin superior, normalmente orientado a cubrir nuestras necesidades emocionales.

¿Quieres que te explique un poco más?

La diferencia entre proteger y prevenir es un aspecto temporal.

Protejo en el presente

Tal vez por una o varias experiencias del pasado extraigo una lección y por eso me protejo en el presente para que eso no se vuelva a repetir.

Ejemplo en una persona adulta:

Si en el pasado se rieron de mí en el cole cuando hablé y me equivoque, pues ahora me voy a proteger para que esto no me vuelva a ocurrir. ¿Y cómo me protejo? Pues me «etiqueto» a mí misma como tímida y de esta forma se me permite no participar, protegiéndome así, en el presente de posibles burlas, risas…

Como ves, la intención positiva en su origen es una protección frente a las burlas. Pero quizá, puede ser que ahora, en el presente, me esté impidiendo obtener beneficios. Porque si me escudo en que soy tímida y no participo, me pierdo el enriquecimiento de interactuar con compañeras y compañeros en un curso, en una clase… en la vida en general. Entonces, si no participo, si no interactúo, este comportamiento me está impidiendo crecer, avanzar.

Ejemplo en las niñas y los niños.

Por ejemplo, mi hija, cuando su padre se pone enfermo, enseguida me recuerda que la más importante es ella. Me dice «Mamá, es que yo soy la más importante en casa» (cuando decía esto tenía cuatro añitos o menos) y claro, como no la puedo atender en ese momento con carácter prioritario, suele enfadarse, llorar, ¿para qué? Para protegerse de no perder ser la más importante y que con su comportamiento acuda a ella antes que a atender a su padre. Su intención es protegerse en el presente para cubrir sus necesidades emocionales de reconocimiento y seguridad (obtiene la certeza de que ella es la más importante y pase lo que pase siempre será atendida si lo necesita).

Es importante ser conscientes de que una niña o un niño puede llegar a la conclusión de que cuando se porta bien (está jugando solo o sola tranquilamente, por ejemplo) no le hacen caso (le dedican menos tiempo y atención) mientras que si se porta mal (rompe algo, riñe con su hermanito…) acuden enseguida, consigue atención, deja de estar sola o solo. Por tanto, el mal comportamiento le protege frente a la falta de atención (necesidad emocional de reconocimiento).

Prevengo de cara al futuro

Con el comportamiento presente trato de prevenir que en el futuro suceda algo.

Nosotras, como adultas, como madres y padres, en muchas ocasiones tenemos comportamientos inadecuados hacia nuestras hijas e hijos precisamente por la intención positiva de prevenir de que en el futuro pudieran no adaptarse al entorno o pudieran sufrir algún daño.

Por ejemplo, cuando les gritamos, los castigamos por sus comportamientos, la intención positiva consiste en que queremos que aprendan una lección y cambien su comportamiento. Consideramos que así lograrán un comportamiento más positivo o adecuado para su vida futura de adulto. Y lo que ocurre es que al enfocarnos en el futuro perdemos de vista el presente, lo que necesitan emocionalmente ahora. Incluso perdemos de vista que puede que ese comportamiento simplemente sea parte natural, normal y necesaria de la etapa de desarrollo y madurez que está atravesando.

Por tanto, «proteger» hace referencia al presente y «prevenir», al futuro.

Ejemplos:

Por ejemplo, mi hija me suele dar algo cuando me voy al trabajo: un peluche, una ficha, una piedra, un juguete…, cualquier objeto de valor para ella. Y me dice «para que te acuerdes de mí». Mi hija se previene de que en el futuro, en las horas siguientes en las que estaré ausente, no la olvide, para que siempre la tenga presente, manteniendo vivo mi amor por ella y ocupando un lugar importante en mi vida. Es decir, se previene que no dejen de ser cubiertas sus necesidades emocionales de amor, control/seguridad y reconocimiento.

Servir para conseguir un fin superior

¿Y esto qué es? Te lo explico a continuación.

Ejemplo en una persona adulta:

Nosotras, nosotros, madres o padres, en ocasiones gritamos a nuestras hijas e hijos para conseguir un fin superior (al menos así lo creemos) como la seguridad: grito a mi hija para que pare un comportamiento peligroso (como meter los dedos en un enchufe, cruzar la calle, pegar a un amigo…). La seguridad está muy relacionada con la prevención.

Ejemplo en las niñas y los niños:

Es muy frecuente que las niñas y los niños digan que les duele la tripa para no ir al cole o a la escuela infantil y así quedarse en casa con mamá o papá. Con esto consiguen cubrir un fin superior, les sirve para estar en casa seguras y seguros, al calor del amor de mamá o papá u otra figura de apego importante.

Comprender que todo comportamiento nuestro o de nuestras hijas e hijos tiene una intención positiva –lo que no significa que sea bueno, sino que aporta beneficios en ese momento– es muy liberador, porque nos conecta con la compasión.

Otro ejemplo de adultos:

Las mamás y los papás gritamos, también, con la intención positiva de que nos obedezcan y mantener supuestamente así la autoridad y el control. Esto inicialmente parece aportarnos un beneficio instantáneo, pero a la larga no es beneficioso para nuestras hijas e hijos porque genera en ellas y ellos falta de confianza, baja autoestima, culpabilidad…, ni para nosotras y nosotros, sus madres y padres, ya que sentimos culpa, vergüenza, frustración, fracaso, impotencia…, además de la ruptura del vínculo afectivo.

Por ello, es muy importante que comprendamos que nuestros comportamientos y los de nuestras hijas e hijos tienen siempre, en origen, una intención positiva orientada principalmente a cubrir necesidades emocionales. Esto nos ayudará a comprender desde el corazón los comportamientos propios y ajenos. Nos ayudará a darnos cuenta de que:

1. Nuestro comportamiento no tiene que ver con el de nuestras hijas e hijos, sino que tiene que ver con nosotras, con nosotros, con nuestras necesidades emocionales.
2. El comportamiento de nuestras hijas e hijos tampoco tiene que ver con nosotras y nosotros, sino con sus necesidades emocionales.

Por tanto, nuestras hijas e hijos no tratan de agredirnos, no tratan de tomar el control, no tratan de torearnos. Simplemente están intentando cubrir sus necesidades emocionales y nosotras, como personas adultas, también.

Sin embargo, es importante que nos demos cuenta de que nosotras somos las personas adultas y somos las que tenemos que buscar mejores estrategias para cubrir nuestras necesidades emocionales. Porque aunque la intención sea positiva, si nuestro comportamiento no es beneficioso para nuestras hijas e hijos tenemos que aceptar que tenemos que cambiarlo.

Por eso, la propuesta del día es que te observes y que descubras cuál es la intención positiva de tu comportamiento, qué necesidades emocionales tratas de cubrir con ese comportamiento.

Observa, comprende y acepta.

Porque sólo una vez que hayas pasado por estos tres pasos, solamente cuando aceptes tu comportamiento con compasión, con humildad, podrás dejarlo atrás. Podrás buscar una estrategia más positiva para relacionarte con tu hija, con tu hijo.

Propuesta del día 15:

Obsérvate y descubre:

1. ¿Cuál es la intención positiva de mis comportamientos de hoy?
2. ¿Cuál es la intención positiva de mi expresión desadaptativa del enfado? ¿De qué me previene? ¿De qué me protege? ¿Para qué me sirve?

Día 16. Destierra la paciencia y construye la comprensión desde el corazón

Estamos acostumbradas a hablar de paciencia en las relaciones de amor. Paciencia con nuestras hijas e hijos, paciencia con nosotras mismas, paciencia con nuestra madre o padre o suegra o suegro, paciencia con nuestra pareja.

La paciencia no es gestión emocional, ya que no hay autorregulación. En la paciencia hay capacidad de padecer o soportar algo sin alterarse, pero no hay comprensión, sólo autocontrol.

De hecho, la paciencia nos victimiza, nos deja a merced del agente. ¿Sabes qué significa el adjetivo «paciente»? Según el *Diccionario de la Real Academia Española,* el «paciente» es quien recibe o padece la acción del agente.

Cuando nosotras somos pacientes con los comportamientos de nuestras hijas e hijos, lo que hacemos es recibir, padecer, resistir y aguantar el dolor que nos provoca (o que al menos así lo creemos).

Por eso, la paciencia no es gestión emocional. La paciencia es como una goma que se estira, se estira, se estira… mientras se es paciente. Pero como la paciencia es limitada (al igual que la goma), «chas», se rompe, te golpea en la cara y explotas. Todo lo que hasta ese momento has contenido, lo que has aguantado, lo que has sufrido o padecido, explota con formas tan inadecuadas, tan desadaptativas, tan dañinas como son los gritos, los reproches, las etiquetas, los castigos, las amenazas, los golpes…

La paciencia no es gestión emocional (sí, lo he vuelto a repetir y no es una equivocación, es una reiteración de algo que es muy muy importante que lo recuerdes).

Por eso es tan fundamental que la desterremos ya del vocabulario y de la relación con nuestras hijas e hijos y comencemos a construir comprensión desde el corazón:

- Comprendiendo, como hemos hablado en estos días, que todo comportamiento tiene siempre en origen una intención positiva de prevenir, proteger o servir para… orientada a cubrir necesidades emocionales.
- Poniéndonos en el lugar de nuestras hijas e hijos, y comprendiendo por qué hacen las cosas. Preguntándonos qué hay detrás de este comportamiento.

La comprensión desde el corazón requiere:

- Escuchar.
- Mirar a los ojos.
- Ponerse a la misma altura.
- Dedicar tiempo de presencia y atención a nuestras hijas e hijos, sobre todo, cuando nos lo piden.

Porque comprender desde el corazón es ponernos en el lugar de nuestras hijas e hijos, sentir, escuchar y ver lo que ellas y ellos sienten, escuchan y ven. Y para esa comprensión hay que escuchar activamente. ¿Qué es esto de la escucha activa?

La escucha activa requiere:

- Escuchar con amor, no con comprensión desde la mente, sino desde el corazón.
- Escuchar para comprender, no para responder ni dar soluciones.
- Escuchar sin interrumpir.
- Escuchar sin juzgar.
- Escuchar sin reaccionar.

Es sólo escuchar para comprenderlos y poder acompañarlos mejor.

Por eso, la propuesta del día es dedicar tiempo a escuchar, a escuchar a nuestras hijas e hijos cuando nos hablen. Esperar a que terminen sin interrumpirlos, sin juzgarlos, sin anticipar respuestas y sin dar soluciones.

También me gustaría saber qué descubres después de estar un día escuchando a tus hijas e hijos sin intentar resolver las situaciones. Porque muchas veces, como madres y padres no escuchamos. En cuanto oímos las primeras palabras ya anticipamos lo que va a venir los interrumpimos y respondemos (damos nuestra respuesta o solución o consejo).

Escuchar lo que sienten nuestras hijas e hijos es maravilloso.

Sentir lo que experimentamos y descubrimos en nosotras también.

Propuesta del día 16:

1. Escucha a tus hijas e hijos sin interrumpir, sin juzgar, sin dar soluciones o respuestas. Sólo escucha para comprenderlos.
2. Escribe, tras este día de escucha activa, tu descubrimiento principal.

Día 17. Libérate de los pensamientos que te alejan de la comprensión y te facilitan el enfado

Para sentirnos menos amenazadas, menos amenazados, es necesario liberarnos de todos aquellos aspectos que nos alejan de nuestras hijas e hijos, que nos dificultan comprenderlos desde el corazón.

Educar es un camino que hay que recorrer CON las hijas e hijos, hay que recorrerlo al lado de ellos y ellas.

Si lo hacemos pensando que es una tirana o un tirano, que siempre quiere salirse con la suya, que quiere mandar ella o él, que nos quiere manipular, que nos quiere tomar el pelo o torearnos, difícilmente podremos realizar ese camino juntos, una persona al lado de la otra. Ya que este tipo de pensamientos provoca una distancia emocional entre madre/padre/educador-a e hija/hijo/alumna-o. Ya no haremos un viaje junto a alguien, sino uno delante y otro detrás. Es decir, o a «rastras» o «a la fuerza» o «a empujones»… Pero no será un viaje uno al lado del otro.

RECONOCER a las niñas y a los niños como PERSONAS, con los mismos derechos que nosotras y nosotros. Actuar sin menoscabar su DIGNIDAD ni sus DERECHOS.

Nuestros pensamientos crean realidades. Si pensamos todo eso de nuestras hijas e hijos actuaremos como si fuese real.

Pero simplemente se trata de una interpretación de su comportamiento. Es una interpretación desde la mente, desde el ego, desde un montón de creencias, pero no desde el corazón, no desde la comprensión del corazón de la que vengo hablándote estos días.

Por tanto, la propuesta del día de hoy es que actúes en modo «observación». Que estés atenta, atento, a tus pensamientos.

Y cuando tengas alguno de estos pensamientos que sabes que te alejan de tu hija o de tu hijo, de esos pensamientos que sabes que no te permiten caminar a su lado como un igual, hagas lo siguiente:

1.ª propuesta: Haz una respiración profunda

Y mientras inspiras profundamente, acepta tus pensamientos, dite a ti misma: «Acepto que pienso… (lo que sea que hayas pensado)». Respiras y sientes y aceptas ese pensamiento, no lo rechazas.

Y después, con la espiración dejas que se marche ese pensamiento que te estaba alejando de tu hija o hijo y le das las gracias al pensamiento, porque ese pensamiento tenía una intención positiva, en origen, de prevenirte, protegerte o servirte para cubrir alguna necesidad emocional. No nos juzgamos por esos pensamientos. Simplemente los reconocemos al observarlos, los aceptamos, les damos las gracias por haber estado ahí con esa intención positiva. Pero los dejamos marchar, porque ya hemos obtenido la información, ya hemos hecho el aprendizaje que venían a traernos y ya no los necesitamos.

Durante el día de hoy, practica con cada pensamiento que detectes. Respira, acepta con la inspiración y deja marchar con agradecimiento con la espiración.

Haz dos o tres ciclos de esta forma de respirar para así hacerte realmente consciente del pensamiento, aceptarlo y dejarlo marchar.

2.ª propuesta: Anota estos pensamientos

Conforme lleguen estos pensamientos que te alejan de tus hijas e hijos, anótalos (bien en un cuaderno o libreta o en una aplicación del teléfono móvil).

En un futuro próximo (a la semana o a los 15 días o al mes) podrás ir comprobando de qué manera estos pensamientos han desaparecido (o no) de tu día a día en la relación con tus hijas e hijos.

Propuesta del día 17:

Hoy ponte en modo observación y detecta aquellos pensamientos que te alejan de tus hijas e hijos. Cuando te des cuenta de cómo resuenan en ti o de cómo suenan cuando los conviertes en palabras y los dices a tus hijas e hijos:

1. Haz una respiración profunda (con ella aceptas que existen y que tenían una intención positiva de prevenir, proteger o servir para), a continuación espira suavemente. Con ella les das las gracias por esa intención positiva y les dices adiós, los dejas marchar, ya no los necesitas. Haz dos o tres

veces esta inspiración consciente y después continúa con lo que te ocupa.

2. Si puedes, anota los pensamientos, para más adelante revisar si siguen presentes o se han marchado para siempre.

3. Cierra el día escribiendo cuál ha sido tu descubrimiento principal tras realizar este trabajo personal.

Día 18. Libérate de aquel lenguaje o de aquellas palabras que te alejan de la comprensión y te facilitan el enfado

Cuando hoy te hablo de «lenguaje», me estoy refiriendo en concreto a la comunicación verbal, a las «palabras» que usamos habitualmente en la relación con nuestras hijas e hijos.

¿Cuáles son esas palabras que debemos dejar lejos de nuestra comunicación?

Retira de tu comunicación:

1. Las generalizaciones: Me refiero a esas palabras que colocamos delante de los comportamientos que «reprochamos» a nuestras hijas e hijos: SIEMPRE, NUNCA, JAMÁS, TODOS, TODAS… Cuando utilizamos estas palabras con nuestras hijas, con nuestros hijos, lo que hacemos es generalizar su comportamiento. Lo que hacemos es transmitirles el mensaje de que no hacen nada bien: SIEMPRE se portan o mal, NUNCA se portan bien. Con esto emborronamos la realidad, llegando a borrar el cuantioso número de veces en las que se comportan como nosotras y nosotros esperamos y deseamos. Comportamientos que no siempre tienen que ver con portarse bien o mal, sino simplemente con una expectativa. Con estas generalizaciones

les transmitimos un mensaje de que son «malos», «imperfectos». Y, además, estas palabras tienen un poder tremendo, porque para nuestras hijas e hijos lo que decimos como madres y padres es cierto. Y poco a poco los vamos convirtiendo en aquello que les decimos. Llegando a socavar su autoestima y confianza.

2. Los insultos: Me refiero a aquellos nombres o calificativos o etiquetas peyorativas.

3. Los gritos: Los gritos incluyen cualquier forma de elevación de tu voz en la comunicación, sobre todo cuando esto se está realizando de forma frecuente y reiterada.

4. El adverbio «NO». Hacemos un uso excesivo del adverbio «no». Lo usamos PARA PREGUNTAR por cualquier cosa: «¿No quieres comer?» «¿No quieres jugar?». Podríamos preguntar simplemente en afirmativo: «¿Quieres comer?» «¿Quieres jugar?». La usamos también para NEGAR EMOCIONES: «No llores», «No tengas miedo», «No te asustes», «No te enfades», «No estés triste», «No te ha pasado nada, no puede dolerte».

La palabra es un vehículo muy importante para comunicar amor a nuestras hijas e hijos. Sin la palabra no existe la experiencia. La experiencia comienza a existir en el momento que la nombramos (verbalmente o en nuestra mente).

Por tanto, la propuesta del día es: utiliza un silencio sereno y respetuoso antes que una palabra que reproche, culpe, etiquete o sancione.

Te propongo quedarte en silencio ante el comportamiento de tu hija o de tu hijo, hasta que tu nivel de comprensión sea desde el corazón y puedas dirigirle una palabra con un tono amable, sereno y empático.

No te hablo de un silencio tenso, sino de un silencio respetuoso.

Te voy a proponer un «anclaje». Te invito a que recuerdes una frase de la canción *Cuando el mar te tenga* del grupo musical El Último de la Fila que dice así:

«Si lo que vas a decir no es más bello que el silencio, no lo vayas a decir».

Es muy útil recordar esta frase en el momento en el que estés a punto de decir algo de lo que más tarde te vas a arrepentir. Porque las palabras acusadoras, gritadas, reprochadoras… además de generar miedo en tu hija o en tu hijo, merman su confianza y su autoestima y rompen el vínculo de amor entre vosotras, entre vosotros.

Construye la relación con tus hijas e hijos con bellas, suaves, amables, tiernas y amorosas palabras.

Propuesta del día 18:

Ponte en modo consciente y:

1. Utiliza un silencio sereno y respetuoso antes que una palabra que reproche, culpe, etiquete o sancione. Te propongo quedarte silenciosa ante el comportamiento de tu hijo, de tu hija, hasta que tu nivel de comprensión sea desde el corazón y puedas dirigirle una palabra con un tono amable, sereno y empático.
2. Cierra el día escribiendo cuál ha sido tu descubrimiento principal tras realizar este trabajo personal.

Día 19. Libérate de aquellas acciones que te alejan de la comprensión y te facilitan el enfado

Pregúntate: ¿esto se lo haría o diría a una persona adulta?

- Dejarle llorar sin consolarla.
- Enviarla a su habitación hasta que se le pase…
- Ignorarla.
- Dejarla sin cenar o sin postre.
- Quitarle sus objetos más preciados (el móvil, el coche…) durante un tiempo.
- Levantarle la voz y gritarle, tanto cuando está sola como delante de otras personas.
- Amenazarla con dejarla sola y marcharme.
- Pegarle si hace algo que no me gusta o no espero.
- Empujarla o tirar de ella o pellizcarla para que avance.

Estas acciones, que no se nos pasa ni tan siquiera hacer con nuestra mejor amiga o con nuestra pareja, sin embargo, sí que las hacemos con nuestras hijas y nuestros hijos.

Hoy te propongo que, ocurra lo que ocurra, por grave que sea el comportamiento de tu hija o de tu hijo, no le retires nunca el amor. Ofrécele siempre tu presencia, tus palabras amables, tus abrazos, tus besos… Con ello no validas el comportamiento, lo único que haces es reconocerle que tu amor lo merece siempre, lo tiene siempre.

Tu amor es incondicional, es decir, no está condicionado a que te guste o no cómo actúa. Porque su comportamiento no es él. No es sus resultados (notas, éxitos, fracasos, errores, dificultades, accidentes…).

Con esto garantizas que tu hija, que tu hijo, se sienta merecedora o merecedor de amor, pues no tiene que ganarse tu amor porque lo tiene siempre. Y eso le da seguridad. No tiene que dejar de ser ella o él para complacer a nadie. Simplemente hay comportamientos que quizá hay que cambiar, pero no por complacer o por temor a perder el amor, simplemente porque poco a poco, con el acompañamiento y el ejemplo de sus referentes (madre, padre…) va a ir aprendiendo a encontrar otras formas de expresar el enfado, la frustración, la rabia, el miedo… sin hacerse daño a sí misma o mismo ni a los demás.

Propuesta del día 19:

Ponte en modo consciente y:

1. Ofrece amor incondicional. Hoy, ocurra lo que ocurra, por grave que sea el comportamiento de tu hija o de tu hijo, no le retires nunca el amor. Ofrécele tu acompañamiento comprensivo, sereno y respetuoso.
2. Conviértete en su referente de expresión emocional. Expresa tus emociones de forma asertiva, sin dañarte tú ni dañar a las demás personas.
3. Cierra el día escribiendo cuál ha sido tu descubrimiento principal tras realizar este trabajo personal.

Día 20. Libérate de aquellos otros obstáculos que te alejan de la comprensión y te facilitan el enfado

Esos obstáculos pueden ser variados. A continuación te propongo algunos.

Libérate de:

1. Las críticas recibidas. Que son opiniones no pedidas ni deseadas que recibimos de otras madres o padres, suegras y suegros, amistades…, a veces también del profesorado o del personal sanitario.

2. La visión de la niña o niño como sujeto pasivo y como futuro, despojados en muchas ocasiones de la dignidad y derechos del ser persona y del presente. Cuántas veces decimos o escuchamos «es que los niños son el futuro» y en aras de ese futuro los despojamos de sus necesidades emocionales en el ahora, que es lo único que existe. Los despojamos de lo que son ahora, «niños y niñas», tratándolos como adultos y adultas. Son niños y niñas, pero ante todo son personas, seres humanos.

3. La incertidumbre de educar desde otro paradigma. A veces tenemos miedo de educar diferente a cómo nos educaron por si los resultados son tan catastróficos como dicen.

Miedo a convertirnos en madres y padres que no ponen límites ni normas, que sus hijos hacen lo que quieren… y se convierten en «madres y padres permisivas, permisivos», o a ver si vamos a ser tan «democráticos, democráticas» que todo lo van a elegir las hijas e hijos. Todo tiene una medida. Lo que sí parece claro es que el camino hasta ahora transitado no te lleva a los resultados deseados. Por lo que si la visión es clara, si el objetivo es claro, tienes que diseñar la estrategia que te lleve a esos objetivos.

4. Estar enfocada, enfocado, en lo que no quieres para la educación de tus hijas e hijos. Cuántas veces decimos «Es que yo no quiero enfadarme», «Es que yo no quiero que mis hijos se enfaden», «Yo no quiero que esté todo el día viendo la tele o delante de la consola». Enfócate en lo que quieres de verdad hoy. Porque si te levantas enfocándote en lo que quieres, vas a actuar con motivación orientada a conseguir tu objetivo. Y en el camino vas a encontrar esas estrategias y las compañeras y compañeros de viaje que necesitas.

5. Tu déficit de gestión emocional. Y emprende un camino que te ayude a desarrollar tu inteligencia emocional por ti y por tus hijas e hijos.

6. Tu diálogo interior limitante (pensamientos y creencias).

7. El miedo a salir de tu zona de confort (disconfort) para alcanzar la zona de los sueños. Estar perdidas y equivocadas es parte del proceso.

8. Las prisas, el cansancio, la falta de tiempo, el estar ausentes… Recuerda que mientras estamos pensando en el pasado o en el futuro nos perdemos lo único que tenemos, el presente.

La propuesta del día es que reformules tu objetivo en crianza. Si hasta ahora te decías «Yo lo que quiero es no enfadarme ni gritar». Ponlo ahora en positivo, cambia tu enfoque, cambia tu pensamiento.

Un ejemplo de objetivo sería decir: «Yo quiero hablar a mi hija, a mi hijo, amablemente, amorosamente…». Y desde este nuevo enfoque reformulado en objetivo, pregúntate qué tienes que hacer hoy para conseguirlo. Porque no es lo mismo enfocarte en no gritar que enfocarte en comunicarte amablemente, con independencia de la situación o circunstancia que se produzca.

Porque no es lo mismo enfocarte en «No me voy a enfadar» o «No voy a gritar» (que muchas veces entramos en el modo «contención» o «paciencia», entendida como el paciente que sufre) que enfocar el día con el objetivo «Voy a relacionarme con mi hija amorosamente». Las acciones de tu hija, de tu hijo, van a ser totalmente distintas al percibir, sentir, ver y oír lo que tú dices, haces, expresas… Va a comportarse de otro modo.

Propuesta del día 20:

1. Reformula tu objetivo u objetivos de crianza. De forma que lo que quieres conseguir sólo dependa de ti y de nadie más.
2. Cierra el día escribiendo cuál ha sido tu descubrimiento principal tras realizar este trabajo personal.

Día 21. Ponte en «modo amor»

Hoy, como cierre de este entrenamiento emocional, voy a proponerte un ejercicio de visualización-anclaje.

Este ejercicio está incluido en el Programa de Trans-Formación Personal y Familiar con Acompañamiento OnLine «De la Ira al Amor».

Ejercicio «ponte en modo amor»

Descarga AHORA el audio en el enlace siguiente: https://youtu.be/0zBBAIhVnAo (escribe estos datos en el navegador de tu dispositivo para acceder al audio propuesto).

Una vez descargado el audio, escúchalo y déjate guiar. Después puedes leerlo si lo deseas.

Éste es un ejercicio que te va a ayudar en la gestión del enfado, en la gestión de esos momentos de alta intensidad emocional en los que estás a punto de desconectar. Lo primero que quiero es pedirte que confíes, que cierres los ojos, que te pongas en una posición relajada, que hagas dos o tres respiraciones profundas, y que cuando estés preparada, preparado, te lleves ambas manos al corazón. ¿Estás ya ahí?

Ahora trae a tu mente, a tu corazón, a tu memoria, tu recuerdo del primer momento en el que tuviste a tu hijo o a tu hija en tus brazos. Si tienes varios hijos e hijas, elige el recuerdo que tengas con aquel hijo o hija con quien más propensión tienes a enfadarte a irritarte, a desconectarte. Con quien tienes mayor conflicto en tu relación diaria.

¿Ya está?

Trae a tu memoria el recuerdo de aquella primera vez que tuviste a tu hija o a tu hijo en brazos, piel con piel.

Quiero pedirte…

… que sientas lo que sentías cuando tenías a tu hija o hijo en brazos y la mirabas, lo mirabas. Siente esa ternura, ese amor infinito, ese deseo enorme de darle amor, cariño, calor, protección,fque recuerdes ese sentimiento de unión con tu bebé, con tu hija, con tu hijo,

… que recuerdes esos pensamientos que tenías hacia tu bebé,

… que recuerdes y veas lo que tenías a tu alrededor, lo que oías, lo que sentías, lo que olías,… que tengas la mirada que tenías hacia tu hija, hacia tu hijo, en aquel momento. Una mirada libre de juicios.

¿Ya estás ahí?

Está en tus brazos. Tu corazón y su corazón están conectados.

Ahora quiero pedirte que esa imagen de tu hija, de tu hijo bebé, se desdibuje y aparezca la imagen de tu hija, de tu hijo ahora, con la edad que tiene actualmente: 2, 3, 4, 5, 6, 7, 8, 9, 10, 12, 15 años… Ponle a ese bebé el rostro de tu hija, de tu hijo ahora.

Respira profundamente. Inspira amor, espira amor.

Sigue siendo un bebé. Sigue siendo tu bebé. Tu cachorra, tu cachorro. Necesitada igualmente de tu amor, de tu reconocimiento y de la seguridad y certeza de que estás ahí para ella, para él.

No importa cual tamaño tenga. No importa cuán intensas sean sus expresiones de enfado; no importa cuán altos sean sus gritos; no importa cuáles sean sus gestos, sus comportamientos…, continúa siendo tu bebé, te sigue necesitando.

Precisamente, cuando tu hija, tu hijo, se encuentra en ese momento que tanto te perturba, que tanto te enfada, te necesita más que nunca.

Quiero pedirte que dejes una sola mano sobre tu corazón. Y la muevas, dando pequeños golpecitos sobre tu pecho, simulando el latido de tu corazón (pum pum, pum pum, pum pum…). Son los latidos de tu corazón y el de tu hija, el de tu hijo, latiendo al mismo tiempo unidos por el amor, por ese hilo invisible, por ese cordón invisible que se crea una vez que se corta el cordón umbilical. Siempre vais a estar unidos por ese amor.

Por eso, cada vez que te enfades, cada vez que te irrites, cada vez que sientas que estás a punto de desconectar y alejarte, conecta con esa energía de tu parte «amorosa». Para hacerlo, para conectarte, te vas a golpear con tu mano sobre el lado del pecho donde se encuentra el corazón, simulando con esos golpecitos los latidos de vuestros corazones unidos. Y al respirar te vuelves a reconectar, se va el enfado, se va la impaciencia y llega la comprensión desde el corazón. Te conectas en «modo amor».

Pum pum, pum pum, pum pum… Inspiras amor, espiras amor.

Inspiras amor, espiras el enfado, espiras la frustración, espiras el miedo.

Pum pum, pum pum, pum pum… Inspiras amor, espiras paz.

Cuando vayas al encuentro con tu hija, con tu hijo, al salir del colegio o de la escuela infantil o de la escuelita…, te conectas en «modo amor».

Cuando vayas a llevarle o traerle de una actividad escolar o extraescolar, te conectas en «modo amor».

Cuando vayas a darle la comida, te conectas en «modo amor».

Cuando vayas a bañarle o bañarla, te conectas en «modo amor».

Cuando vayas a leerle el cuento de buenas noches, te conectas en «modo amor».

Conéctate en «modo amor» y expulsa el cansancio, el estrés, las expectativas, la rigidez de normas… Conéctate en «modo amor».

Visualízate en la tríada emocional del «amor»:

- Lenguaje amoroso.
- Fisiología:
  - Postura corporal expansiva, amorosa, próxima, abierta a dar y recibir.
  - Tono de voz bajo, suave, cercano, amable…
- Enfoque en oportunidad de encuentro, de crecimiento, de acompañamiento, de disfrutar, de poder estar ahí…

Respira profundamente. Inspira amor, espira amor. Repite varias veces esta respiración.

Ahora voy a invitarte a dar gracias por esos momentos tan mágicos que hay en tu vida, con tus hijas, con tus hijos, porque aunque haya enfado, aunque haya conflicto, hay muchos momentos de conexión.

Gracias, gracias, gracias.

Ahora quiero pedirte que escuches a tu hija, a tu hijo, y que en esa escucha le pidas que te diga qué necesita de ti, qué quiere que le des, cómo quiere que le des amor.

Escucha atentamente a tu hija, a tu hijo, lo que te dice, sin interrumpirle o interrumpirla, sin justificarte… Escucha. ¿Estás ahí? Notas cómo se acerca a tu oído y aunque sea pequeño sabe decírtelo.

¿Estás ahí? ¿Ya está?

Dale las gracias. Abrázalo, abrázala. Acarícialo, acaríciala. Bésalo, bésala. Despídete de ella, de él, hasta vuestro próximo encuentro.

Cuando estés preparada abre los ojos y regresa a este momento.

Ahora, que ya estás con los ojos abiertos, responde a estas preguntas: ¿cómo te sientes? ¿Qué te ha dicho tu hija, tu hijo? Antes que se te olvide, anótalo en un cuaderno y tenlo presente siempre que vayas a encontrarte con ella, con él.

Acabamos de realizar un anclaje en tu corazón. Tocándote allí, golpeándote en el pecho, sobre el corazón.

Cuando sientas en tu cuerpo el enfado, decide responder al comportamiento de tu hija, de tu hijo, con amor. Y para ello pon tu mano sobre el corazón.

Cuando te encuentres cansada, estresada e intuyas que el encuentro con tu hija o con tu hijo va a traer conflicto (que es totalmente normal, natural y necesario para su desarrollo y crecimiento) conéctate en «modo amor».

Utiliza este anclaje para recordarte que tú eres amor y que vas a dar siempre amor a tu hija, a tu hijo, porque le comprendes, la comprendes, desde el corazón.

Espero que este anclaje corporal-visual te ayude a afrontar mejor esos momentos de alta intensidad emocional propia y de tus hijas e hijos.

Recomendación:

Lo ideal es escuchar este ejercicio y seguir las indicaciones. Por ello, además de hacer la transcripción escrita, te he dejado el acceso al audio de este ejercicio. Descarga el audio en el enlace siguiente: https://youtu.be/0zBBAIhVnAo (escribe estos datos en el navegador de Internet de tu dispositivo para acceder al audio propuesto) y disfrútalo.

Propuesta del día 21:

1. Busca diez minutos para ti, para realizar este ejercicio de visualización-anclaje. Hazlo con la tranquilidad que requiere, pues será un anclaje que te permitirá ponerte en «modo amor» y ayudarte a gestionar tu enfado en los momentos de alta intensidad emocional.
2. Cierra el ejercicio escribiendo:

   - ¿Cómo te sientes?
   - ¿Qué te ha dicho tu hija, tu hijo?

Antes que se te olvide, anótalo en un cuaderno y tenlo presente siempre que vayas a encontrarte con él, con ella.

Sobre la autora

Soy Inma Buitrago, nacida y criada en Tomelloso (Ciudad Real), un pueblo situado en la llanura manchega. En el momento de la publicación de este libro vivo en Molina de Aragón (Guadalajara), a las puertas del Parque Natural del Alto Tajo.

Soy mamá y *coach* de crianza. Creadora del sistema de «Crianza A.R.E.C.A.», una crianza con amor incondicional. Para ver los vídeos explicativos de cada uno de los pilares de este sistema, escribe en el navegador de Internet la dirección siguiente: https://inmabuitrago.com/crianza-areca/

Acompaño a madres a gestionar sus emociones, a disfrutar de la crianza y convertirse en la madre que siempre han querido ser, incluso si ya existe una dinámica de conflicto diaria.

Sí, ayudo principalmente a madres, a través de la gestión emocional, la comprensión y el amor incondicional a criar, educar y acompañar a sus hijas e hijos de la forma que quieren y que hasta ahora no estaban consiguiendo.

Si me ofreces unos minutos, te voy a contar cómo he llegado hasta aquí. Puedes leerme o escucharme en vídeo (para ello, escribe en el navegador de Internet la dirección siguiente: https://inmabuitrago.com/sobre-mi/).

Cuando nació mi hija África, se removieron los cimientos de mi identidad. Las creencias que tenía sobre las niñas y los niños y la crianza se desmoronaron y me encontré con que no es que tuviese una bebé, sino que entre mis manos tenía a una persona.

Comencé a «bucear» en Internet en busca de «una forma distinta de crianza y educación a la que yo había recibido». Encontré webs, blogs… sobre crianza respetuosa, crianza con apego, crianza natural… También leí libros de autores como Carlos González y Rosa Jové, que me acompañaron y guiaron en esa forma de ser madre que yo deseaba.

Cuando mi hija comenzó con la afirmación de su identidad y a querer decidir sobre su ropa, zapatillas, qué comía… (lo que ocurrió sobre los 15 meses), surgieron las primeras alarmas de que estaba dejando ser la madre que quería ser.

Me enfadaba y le gritaba. No sé tú, pero yo me asusté al oír mi primer grito y al ver la cara de susto de mi pequeña de 15 meses. No me lo podía creer. ¿Cómo podía gritar a mi hija si lo que más «odiaba» eran los gritos? ¿Qué podía hacerme una niña tan pequeña para que yo reaccionara así? Yo procedo de una familia donde vivimos los malos tratos, y si algo tenía claro es que esto no lo quería para mi hija ni para mi familia.

Así comencé mi andadura de búsqueda, de leer, de formarme en estrategias, técnicas y herramientas para afrontar las rabietas y conflictos con mi hija desde una perspectiva respetuosa y positiva.

Sin embargo, la experiencia me dijo que no bastaba con aplicar algo externo para cambiar algo interno que me hacía gritar y reaccionar, necesitaba un cambio profundo, que removiera y desplazase esos viejos patrones, para así instaurar unos nuevos.

Viví tiempos convulsos de incoherencia, de sentir que por un enfado a última hora había echado por tierra todo lo bueno del día, de acostarme con la amargura, la tristeza y frustración de haber visto la cara de susto de mi pequeña al gritar, de sentir el dolor por repetir ese viejo patrón que tanto miedo y parálisis me había causado en la infancia.

Pero como mamá *coach,* seguí buscando soluciones, y fue a través del *coaching estratégico,* de la mano de Tino Fernández Valls, como descubrí qué estaba pasando (por qué me enfadaba) y cómo podía cambiarlo, desde dentro, para convertirme en la madre que siempre había querido ser, con independencia de la edad y de las etapas que mi hija fuese atravesando.

Y así fue, primero inicié mi transformación personal (en la que aún sigo trabajando, además de porque soy una persona en proceso, porque mi hija me hace constantemente de espejo mostrándome qué más tengo que trabajar y mejorar) y después comencé a trabajar con madres en procesos individuales de coaching.

«Crianza A.R.E.C.A.» nace de mi experiencia de transformación personal y la de mis clientas. Nace de la fusión de la crianza respetuosa y el *coaching* estratégico. Por tanto, me atrevo a acompañar con estas claves porque las he aplicado en mí, en procesos de *coaching* y en programas de formación con madres, con excelentes resultados.

No obstante, por si te lo estás preguntando, quiero que sepas que soy una mamá imperfecta y en proceso de mejora continua:

1. Porque he elegido no ser perfecta. Sintiéndome así mucho más ligera.
2. Porque he aceptado que la emoción del enfado es necesaria también en mi vida, por toda la información valiosa que me trae y que posteriormente convierto en mejores emociones, mejores decisiones y mejores resultados.

3. Porque, aunque tengo una mayor gestión de mis emociones, sigo en proceso de crecimiento y desarrollo personal.

4. Para mí lo más importante es que el enfado ya no es mi compañero de viaje diario en la relación con mi hija, y que soy capaz de disfrutar de la crianza de mi hija y ser la madre que me había prometido ser.

La ilustración de la portada de este libro es un dibujo de mi hija África (realizado cuando tenía 4 años). Para mí tiene un gran impacto emocional. Cuando me lo entregó me dijo: «Mamá, eres tú regando». Y así me siento hoy, como una jardinera, regando mi vida, la de mi hija, la vida de otras madres, padres y familias con las mejores emociones, para que florezca la consciencia y el amor incondicional.

Testimonios

Mari Carmen Bueno

Siempre supe que quería ser madre y tener una relación bonita con mis hijos desde el principio y que a lo largo de los años ellos sintieran a mi lado amor, seguridad, respeto, fuerza, positividad, comprensión, que siempre estoy y estaré a su lado. La vida no ha resultado ser como esperaba y nos vimos los tres solos con un padre cuyo objetivo era y es hacerle daño a su madre, alejarnos, confundirlos, incomunicarnos, etc. Gracias a ti, Inma Buitrago, estoy dando pasos pequeños ¡que a veces parecen gigantes! Vivo como realmente quería, con amor incondicional, comprendiéndolos y respetándolos, enseñándoles a respetarse entre ellos y a los demás. Juntos hemos aprendido a identificar y darle nombre a nuestras emociones, las que comenzamos a gestionar cada día mejor. Por mi parte, decirle ¡¡¡ADIÓS!!! a la culpa ha sido mi reto personal. Bajar las expectativas, aceptación, respeto y amor, mucho amor, son palabras que están tatuadas en mí. Muchísimas gracias, Inma, por todo lo que haces, porque yo me siento acompañada por ti, eres mi Luz.

Pilar Caselles

El reto 21 días «Convierte el enfado en tu aliado» me ha acercado a una crianza más respetuosa hacia mis hijos basada en el amor incondicional «Crianza A.R.E.C.A.». Ha sido una labor de introspección, sinceridad, vulnerabilidad conmigo misma y con el grupo, donde he podido compartir mis experiencias desde el no juicio. He comprendido que las expectativas y el control son impedimentos para una escucha activa, disposición amorosa y aceptación de mis hijos tal cual son. Estoy feliz y agradecida de haber encontrado en Inma Buitrago una mamá que, con su experiencia y formación, ha sabido guiarnos y acompañarnos durante este reto con mucho amor y respeto. Tengo muchas ganas de seguir trabajando con ella y crecer como mamá y como persona.

Isabel Cabrera

Este reto me ha aportado cosas muy importantes, como por ejemplo, serenidad ante mi propia reacción, ante las reacciones de mis hijos y ante las reacciones cuando hay público. Estoy aprendiendo a entrenar mis reacciones. Me mantengo serena, pienso e intervengo, o no, según lo valore. Aceptación a mí misma. Desde que nacieron mis hijos, yo me he encontrado en un estado continuo de frustración, primero por el cambio físico y emocional que sufrí, y no terminaba de reconocerme, y en segundo lugar porque no controlaba la situación. Me sentía desbordada, siempre acostumbrada a controlar todo, a pensar muy bien lo que tengo que hacer, como lo tengo que hacer… Pero en la crianza y en la educación de mis hijos todo eso se me escapaba de las manos. Ahora me reconozco y me valoro. La aceptación de mí misma ha sido el gran paso hacia la aceptación de mis hijos, dejando que sean ellos mismos. Disfrutar con más intensidad de esta crianza. Siempre he intentado disfrutar de la crianza de mis hijos, pero cuando esa frustración es continua, esa no aceptación es continua, ese malestar por lo que puedan decir es continua, dejas de disfrutar. Piensas «Deseamos a nuestros hijos, ¿por qué ahora no puedo disfrutar de ellos, qué es lo que me ocurre?». En el reto he podido conocer qué me ocurre y cómo poder cambiarlo. El cambiar la forma de mirarlos, el enfoque que adoptas dependiendo de la situación, ha sido trascendental. Sé que yo no soy un bicho raro, que la mayoría de las familias se sienten como me sentía yo, sólo es cuestión de que se les presente la oportunidad que se me ha presentado y saber aprovecharla. No sabemos educar a nuestros hijos por el hecho de ser padres, hay que aprenderlo. Igual que aprendemos todo lo demás hay que aprender también a educar, pero no sólo a educar, sino a hacerlo de una forma emocionalmente saludable. Gracias, gracias, gracias.

Estela Vázquez (desde México)

El último mes ha sido como un tornado, tengo la sensación de que me ha girado, volteado al derecho y revés para dejarme mucho más ligera, con sabor a esperanza y sintiéndome no sólo acompañada, sinocontenida y validada. El 4 de diciembre de 2018 empecé el reto «Convierte el enfado en tu aliado», la verdad, no estaba disfrutando mi maternidad, no por lo que sucediera con mis hijos Abi de 4 y Santi de 3; sino por mis reacciones, me sentía mucho tiempo sola, desbordada, excedida en deberes, incomprendida y muy frustrada, porque aun sabiendo que estaba viviendo mi sueño, ser mamá, no lo estaba disfrutando y a veces gritaba, terminando casi siempre los días de mal humor, acostándome con culpa y desconfianza de si al siguiente día podría hacerlo mejor. El reto ha sido el mejor regalo para mí y mi familia. Porque me ha permitido hacer conscientes patrones que viví en mi infancia y tiendo a reproducir con mis hijos en momentos en que me desbordo.

Lo que más valoro del reto, ¡que me hizo consciente!, ahora veo…

- Que me enojo por mis pensamientos, por lo que creo que deben de ser y hacer mis hijos.
- Que el enfado, como todas las emociones, es válido y útil, que me trae mensajes poderosos que puedo usar para conectarme con mi esencia y vivir mejor.
- Que tengo la capacidad de cuidar lo que pienso y estar bien, independientemente de lo que pase a mi alrededor.
- Que me desbordo fácilmente y está en mí prevenirlo.
- Que debo buscar rutinas y rituales durante el día para conectar conmigo y resignificar lo que hago.
- Que no estoy sola, no estaba comunicándome en el lenguaje de amor que mejor me funciona.
- Que el drama que provoco es producto de una necesidad emocional que tengo.
- Que puedo encontrar estrategias constructivas para nutrir mis necesidades emocionales y sentirme orgullosa y feliz de mis decisiones.
- Que cada día es importante y cuenta, que mis hijos merecen ser tratados con amor incondicional y respeto siempre.
- Lo que más me gustó de la dinámica del reto:
- Es un fluir constante de información que te cimbra. Con preguntas potentes que te sacuden y hacer mirar nuevas formas de ser.
- La valentía y honestidad de las participantes con quienes compartes camino te hace fácil quitarte máscaras que has ido sosteniendo tanto tiempo.

Lo que más valoro de Inma:

- Su acompañamiento en todo momento, en verdad te sientes entendida y acompañada siempre.
- La calidad de la información que provee y cómo la hace digerible con ejemplos tan cotidianos.
- Valida tu sentir, te da luz y alternativas tan respetuosas para lo que consideras «problemas».

Nunca me había sentido tan acompañada en ningún proceso, estando a miles y miles de kilómetros, en otro continente. Yo siento a Inma cercana y valoro su ánimo e iniciativa para recordarme el valor de ser persistente y constante en amabilidad, buenos tratos, empatía, comunicación asertiva y compasión para hacer posible una transformación real. Esta mujer me ha hablado de palabras que, si ya había escuchado antes, no habían tenido este impacto en mi mente ni mi corazón. Palabras que hoy rigen mi crianza: amor, respeto, empatía, comprensión, aceptación. Este trabajo interior me hace sentir por primera vez adulta, más segura en mis pasos, capaz de acompañar a mi familia en sus emociones porque estoy desmenuzando y gestionando mejor las mías. También he visto mejoras en la salud de mi familia. Los niños responden a los cambios tan pronto… Quiero compartir que mi hijita de 4 años está recuperada totalmente de una alergia que le ocasionó un bronco espasmo a mediados de noviembre de 2018. La veo juguetona, más sonriente, más feliz. Se estaba mordiendo las uñas hace un año y dejó de hacerlo totalmente justo al terminar el reto, ha sido nuestro mejor regalo de Navidad. Me apena reconocer que la estaba estresando tanto como para que se mordiera las uñas y bajara su sistema inmunológico. Mi hijo de 3 años va disfrutando de rutinas que eran prácticamente imposibles de hacer, como lavarse los dientes, cortarse las uñas o sacarse los mocos. Me parece que se siente más respetado y comprendido. ¡Aún es un reto lo de los mocos! Hoy sé que es un proceso, que lo importante es lo que voy sembrando en su corazón cada día, que los hábitos se trabajan desde el respeto y la empatía y no desde el miedo e imposición o abuso de poder. Lo que está por venir: ahora entiendo que el conflicto es natural y también benéfico si lo sé transitar, que se seguirá presentando. Que todo este trabajo no es para que mis hijos se porten de una cierta forma o no me «den problemas»; sino para tener herramientas que me permitan estar presente en los momentos álgidos para ser buena compañía y guía. Sé que tengo muchos pasos más por dar, me he inscrito en el «Programa de la ira al amor». Voy comenzando y reconozco que el material, el seguimiento y la sesión con Inma me serán útiles porque no dejo de aprender. Ser madre merece mi entrega, estudio y formación, me resistía a reconocer que necesitaba la ayuda, hoy celebro el mundo de posibilidades que se abren cuando nos dejamos guiar por un especialista que ha recorrido y superado un camino similar, que ha estudiado mucho el tema y lo ha desmenuzado para hacerlo digerible desarrollando una metodología espectacular. Toda mi gratitud. Inma, no me cansaré de agradecértelo, hemos tenido el mejor fin de año, mis hijos son tan pequeños, esperan aún lo mejor de mí, son nobles, llenos de alegría y gusto por lo simple. Merecen lo mejor de mí siempre, no sólo cuando me siento bien o de buen humor, yo merezco ser la madre que he soñada ser y que hubiese querido tener. Merezco disfrutar de estabilidad emocional. ¡Gracias, Inma, por tanto, por tu mirada cálida y compasiva! ¡Por inspirar amor y buenos tratos a los que más amamos!

¡Esta familia te quiere con el corazón!

Lidia Pérez

Hoy día 29 de enero de 2019 he tenido una sesión final individual de 45 minutos, que Inma Buitrago, Inma *coach,* mamá y amiga para mí, nos da para finalizar el programa que ofrece llamado «De la ira al amor». Nada más para empezar, lo de los 45 minutos se convierte siempre en hora y media o, como hoy, en dos magníficas horas, donde no sólo valora los aspectos que hemos mejorado desde que nos inscribimos, y doy gracias por haberla encontrado, porque estar con un seguimiento como el que te hace Inma es sin duda impagable. Me explico, no soy demasiado participativa en las redes sociales, con respecto a mi vida personal, sí lo hago en los ámbitos precisos, que son los correctos, a mi forma de entender las cosas. Cuento un poco mi historia hasta llegar a Inma. Recuerdo hará cosa de un año y medio, decirle a mi marido que había encontrado una formación que nos iba a ayudar a mejorar como padres, pues en algunos aspectos, me sobrepasaba tener a mis hijos, me cuesta trabajo hasta escribirlo, pero era así. Esta formación la iniciamos muy ilusionados, pero ciertamente, se nos hablaba de empatía, y yo no la veía en la persona que se encargaba de esto, de módulos, de releer, de volver a leer, si había alguna duda… siempre era «vuelve al módulo tal y repasa», vaya, yo no sentía una cercanía. A muchas personas les habrá ayudado, pero lo cierto es que a mí me decepcionó, y mucho. Cansada, pero no desanimada, pues sabía que alguien tenía que haber que nos explicara cómo era la CRIANZA que nosotros pensábamos que se podía hacer y dar… y la encontré, lo puedo decir categóricamente. Apareció la página de Inma Buitrago, Escuela A.R.E.C.A. Empecé a leer sus páginas, a ver sus vídeos, que los tiene, y un buen montón de material y herramientas que te proporciona desinteresadamente, y vi opiniones, que quizá, al fin y al cabo, muchas veces es lo que más cuenta. En esos momentos me apunté a su Comunidad Gratuita, donde, como digo, proporciona contenido, constante y de calidad, y escucharla me encantó. Convencí a mi marido y le dije: «Yo creo que esta mujer nos va a encantar». En esos días comenzó un reto por WhatsApp, que creo lleva un trabajazo, os lo cuento, y me apunté, era gratuito también. Y muchas personas de estas cosas no esperan nada, pero lo cierto es que todas las mañanas a primera hora, nos encontrábamos toda la información del día y el trabajo que teníamos que tratar de hacer, así como especificarlo y o contarlo en el grupo para que ella pudiera ayudarnos a todas las personas que estábamos dentro. Creo que no es tarea fácil, pues requiere mucho tiempo y dedicación, porque ante cualquier duda, allí estaba Inma contestando personalmente. Lo mejor de todo no es la respuesta, que lo era, en cuanto a contenido, información, herramientas, ayuda, era la disponibilidad, la disposición y su empeño en empujar a todas las personas inscritas a compartir y siempre las mismas palabras: AMOR, ACEPTACIÓN y COMPRENSIÓN. Me quedé en *shock* con muchas de las cosas que nos decía y nos ofrecía, tanto, que en los 21 días cambiando yo, empezaban a cambiar comportamientos, y la verdad es que me encontraba mejor, más tranquila, calmada y, sobre todo, escuchada por una persona que no se hace llamar profesional porque sí, es que es una Mamá Todoterreno, una *COACH* de CRIANZA como la copa de un pino y, además, tiene una inteligencia y escucha activa impecable. Todo esto añadido a una gran persona, donde he encontrado ayuda en todos los sentidos. Después de estos 21 días, decidí apuntarme a su programa, «De la ira al amor», y ha sido de 10, ¿qué digo? 12 sobre 10, porque es el programa anterior multiplicado por 1 000. Doy las gracias de forma totalmente cariñosa, y saliendo del CORAZÓN, que es de la forma en la que tenemos que mirar, como dice Inma, a nuestros hijos, le doy las gracias mil y una veces por su acompañamiento, comprensión y, sobre todo, por su ayuda y disposición para sacar siempre lo mejor de cada una de nosotras. Gracias porque he mejorado como persona no sólo en crianza, sino de forma personal, y esto me lo he encontrado, así, sin más. Acompaño una foto que hace poquito me hice con mis hijos y mi marido: En ella sólo se refleja que somos cuatro personas, una familia, que no es poco, pero es lo exterior, aunque si se mira un poco más allá se ve una felicidad no impostada, que irradiamos desde dentro, porque hay AMOR y COMPRENSIÓN. Gracias, Inma, porque el haberte conocido, espero que algún día lo haga en persona, me hace seguir trabajando para mejorar y que el día de mañana mis hijos estén tan orgullosos de mí como yo lo estoy de ellos. Un abrazo muy grande desde el corazón para ti. Lidia y Antonio, Altair y Kaylan.

Isabel Ruiz

Sin duda, ha habido un antes y un después en mi vida como mamá. El reto me ha convertido, me ha hecho cambiar la mirada hacia mis hijos, me ha enseñado que el enfado es una emoción totalmente válida y que somos nosotros los que tenemos en nuestras manos el poder de tomárnoslo de una manera u otra. He puesto en práctica cada uno de los ejercicios que nos iba proponiendo Inma y en cuestión de pocos días he notado el cambio tanto en mi hijo como en mí. Me ha hecho volver al día más importante de mi vida, cuando nació mi primer hijo, y me ha hecho recordar todo el amor que sentí por él en ese momento y todo el amor que sigo sintiendo por él ahora, a pesar de los momentos durillos que se nos plantean en la vida. Como digo, sin duda ha sido una gran ayuda y un gran cambio en mi vida. Totalmente recomendado realizar el reto. Muchas gracias, Inma.

Carmen María Muñoz Marín

Para mí, Inma Buitrago ha sido como un soplo de aire fresco que te llega justo cuando más acalorada estás. En el reto he aprendido a que las palabras que utilizamos se graban a fuego en nuestro comportamiento. He comprendido el lenguaje no verbal de mi hijo, ¡¡A EMPATIZAR CON MI HIJO!! y a mirar con el corazón. Seguramente repita el reto, puesto que soy naturalmente imperfecta y necesito subrayar algunos aspectos. Es alentador ver que hay personas que respetan la crianza basándose en el AMOR y nada más que el AMOR.

Sara Asurmendi Cid

Encontrarme con Inma, ha sido una «casualidad» muy bonita, venía buscando ayuda sobre la crianza desde el respeto y amor, y di con ella y su comunidad. Ver los vídeos de entrevistas y saber que era lo que estaba buscando, y con suerte comenzó el reto de 21 días «Convierte el enfado en tu aliado». ¡Me ha venido genial! Primero para conocerme, para recapacitar, para meditar sobre mí y mis valores. Y segundo, y no menos importante, para ayudarme a conocer cómo y por qué se dan situaciones en las que hasta ahora no me quedaba satisfecha de mi actuación y dudaba si sería lo correcto. Ahora sé qué y cómo puedo ayudar a mi hija a calmarse ante un enfado y a tranquilizarme yo. Me gustaría animar a toda aquella familia que quiera dar ese pasito, que se sienta mal por los enfados, que se sienta mal por chillar, por etiquetar, por juzgar a sus hijos, o que duden de cómo pueden ayudar a su hijo y no sepan el camino hacia una armonía, que conecten con Inma, que ella es una antorcha de luz, que guía en ese camino. Mis palabras sólo son de gratitud. Así que gracias de nuevo, Inma, ¡gracias por ayudar!

Diana Mayerly Valdeleon Alarcón (desde Colombia)

Escribo desde Colombia para agradecerte todo tu amor incondicional, tu buena disposición y toda tu entrega durante el reto de los 21 días convirtiendo el enfado en nuestro aliado, en mi experiencia, puedo decirte que me sirvió mucho, puesto que todas las técnicas y herramientas aprendidas las estoy aplicando y he visto los cambios, estoy más atenta y consciente de esta emoción y por consiguiente conecto mejor con mi hijo de 3 años. Me siento con más energía al enfriar el enfado y al enfocarme en la intención positiva de los comportamientos inesperados de mi hijo. Poco a poco me acerco a la madre que quiero ser y todo gracias a tu guía, a tus palabras, a tus sugerencias y a tus herramientas. Infinitas gracias por contribuir en una crianza más amorosa y, por consiguiente, en impactar positivamente en las futuras generaciones.

Andrea Rodríguez

Poder participar en el reto de 21 días «Convierte el enfado en tu aliado» me ha servido para revisar viejas creencias, reconocer mi *modus operandi,* testar nuevas formas de afrontamiento y mejorar mi visión ante las situaciones de tensión. Resultado: una crianza más sencilla y feliz. Gracias, Inma, por la transmisión de tu saber, desde la cercanía, escucha y compasión. Haces que sea fácil abrirse y no tener miedo.

Noela Souza

Muy de vez en cuando se cruza en tu vida una persona excepcional. En mi caso, se trata de Inmaculada Buitrago Navarro, mamá y *coach* de crianza y creadora del sistema de «Crianza A.R.E.C.A. Acabo de terminar un reto de 21 días con ella y me ha dejado absolutamente maravillada y fan de por vida. Su valor, incalculable. Inma te transmite un mensaje importantísimo que te llega a lo más hondo del corazón. Comprendes que hay una mejor manera de criar y cómo implementarlo. Dejas de buscar excusas y justificaciones y te pones manos a la obra. Empiezas a criar como tu hijo lo necesita, y no de acuerdo a reglas, prácticas y filosofías aceptadas comúnmente o recibidas en tu infancia. Tú te sientes bien y tus hijos se sienten bien. Y además te dicen (en sus propias palabras) que ven que has cambiado para mejor. Imaginaos mi emoción… El estilo de Inma, además, es cien por cien coherente con su mensaje: te acompaña con una empatía, ternura y respeto infinitos. Siendo yo misma terapeuta, aún no he conocido a nadie que tenga este talento para movilizarte y ayudarte a crecer, y encima combinado con una sensibilidad y generosidad extraordinarias. En conclusión, si tienes hijos o piensas tenerlos, te recomiendo que te unas a su grupo gratuito Crianza con Amor Incondicional ya mismito. Porque nuestros hijos se merecen crecer como personas sanas y equilibradas y nosotras, empoderarnos como padres y madres.

Merielen López

Las palabras se quedan cortas para agradecer la LUZ que has puesto en mi camino, Inma. Desde que ingresé en la comunidad que con tanto amor has creado, supe que por fin comenzaba a encontrar respuestas a mi vida, a la crianza, a esta madre que había nacido como tantas sin saber cómo realmente hacerlo bien. He leído a lo largo de mi vida mucha literatura buscando conciencia, pero sólo con tus enseñanzas he logrado aterrizar tanta información sin duda muy valiosa, pero lejos de llevarla al plano de la transformación personal. He participado en la primera edición de «Convierte el enfado en tu aliado» y debo reconocerte la GRAN LABOR que has hecho con cada una de las participantes del reto. Es increíble como todo está ahí, a la distancia de tomar la decisión correcta, de mirar con amor verdadero la crianza que nos abraza por tantos años a lo largo de nuestras vidas. Gracias de corazón por ejemplificar de manera sencilla la información tan profunda que nos compartes desde tu saber y amor. Mi crianza ha tenido un antes y un después desde que te conozco; pertenecer a tu Escuela de Crianza A.R.E.C.A. es para mí una de mis mejores inversiones en tiempo y dinero; porque cada minuto y euro han valido la pena; ya que la inversión ha sido en tiempo de calidad, lenguajes del amor entendidos de la manera adecuada. En nuestra familia lo hemos notado todos, pues mi hija Sara de 3 años es una niña feliz, comprendida y respetada. A mi esposo le ha cambiado el foco y es muy especial verlos en su cálido lenguaje de amor; mi energía se enfocó en lo realmente importante, he podido entender cómo nos descentramos, pero también cómo volver a ese centro mágico de amor incondicional acompañados de una mirada compasiva. ¡¡¡Gracias desde el corazón, Inma!!!

María Torres Pierna

Durante el reto, todos los días y de forma recurrente, me venía una pregunta a la cabeza: «¿Por qué nadie me ha enseñado esto antes?». Todos los días había algún clic, alguna pieza que encajaba. No podía evitar viajar al pasado, a mil y una circunstancias de mi vida y pensar:

«¡Tenía que haber sabido esto!». Hubiera evitado tanto sufrimiento a mis personas queridas y a mí misma… Pero no. Nadie me enseñó esas máximas imprescindibles que he aprendido en el reto. Ni en el colegio, aunque fuese de refilón mezclado entre conocimientos de todo tipo, ni en el instituto (a pesar de que hice una optativa de psicología durante dos años), ni ninguna de las tres terapeutas a las que he acudido en momentos difíciles de mi vida, ni mi propia madre (mujer sabia, sensata, sensible y leída donde las haya). Pues no. ¿Y sabéis qué? Porque Inma tampoco me lo ha enseñado. Porque lo que aprendes sin más, tarde o temprano se olvida. Lo que ha hecho ella es otra cosa. Es hacérmelo comprender desde el corazón. Tantas cosas… Esas cosas ya me las llevo conmigo para siempre. Y, sin embargo, voy a seguir trabajando con ella después del reto. ¿Por qué? Pues porque la labor la hace ella, pero el trabajo de crecimiento lo hace uno mismo. Yo me siento infinitamente más equilibrada, tranquila y feliz. Y a raíz de ahí, mi familia también. Pero siento que me queda mucho por crecer. Reescucho los audios o los vídeos y cada día aprendo algo nuevo en lo que no había caído antes. Y, por último, me gustaría decir que mi interés en escribir y que se lea este testimonio no es alabar a Inma. No es darle las gracias por su dedicación y esfuerzo. Ella ya sabe que todas las integrantes del reto y las mamás con las que trabaja se lo agradecemos de corazón. Mi interés es que este modelo de crianza, de relaciones entre las personas y con uno mismo se extienda, porque lo necesitamos, porque el mundo lo necesita.

Celia Marín

Antes de realizar el reto «Convierte el enfado en tu aliado» sabía que el amor incondicional era el medio y el fin en sí mismo para criar a mis hijas, pero pensaba que no había sido elegida para sentirlo desde el corazón, que no lo conseguiría jamás, que no sería capaz por muchos cursos y libros que leyera. Veía en mí muchas cosas que no me gustaban cuando me enfadaba, que no sabía cómo extinguir, que rechazaba de mí y que las escondía con vergüenza, más si cabe en este mundo de la crianza respetuosa. El reto ha supuesto para mí un antes y un después, me ha abierto los ojos y ha puesto luz al camino del verdadero amor, hacia mis hijas, hacia mi pareja, hacia mí y hacia todos en general. Descubrí que no era la única en este camino de aprendizaje, de transformación y maduración, abrí mi corazón en un grito de auxilio para que me lo curasen, pero lo que consiguió Inma, y también mis compañeras, es que me curara yo misma. Fue increíble ver más allá de todo lo que ya sabía y sentir con el corazón que encontraba respuestas a muchos interrogantes no sólo sobre crianza, sino del mundo en general, como si las piezas del gran puzle de la vida se colocaran todas en su sitio, en su lugar de origen. Se trata de un trabajo profundo sobre ti misma, lejos de rebuscar en el pasado buscando culpables, lejos también de ahondar en el victimismo. Es mucho más, un trabajo de poner conciencia, aceptación y compasión, se trata del amor de verdad, el que nuestra sociedad y cultura ha escondido detrás de muchas capas, pero que todos tenemos porque TODOS SOMOS AMOR. La palabra «GRACIAS» se queda pequeña para agradecer lo que Inma me ha regalado, se me llenan los ojos de lágrimas sólo de pensar en los cambios que ha traído a mi vida, en todos los planos y sentidos, como si de un verdadero mesías para mí se tratase. Ahora soy más yo, sigo siendo imperfecta, pero en paz. Gracias, Inma, desde el corazón.

Rocío Chaparro

Mi nombre es Rocío y soy mamá de tres peques, un nene de 7 y gemelas de casi 6. Para mí ha sido un regalazo poder haber participado en el reto «Convierte tu enfado en tu aliado». Desde que soy madre siempre he creído que otra forma de crianza más amorosa y respetuosa era lo que quería. Este reto te hace cambiar la perspectiva y tomar consciencia desde el corazón, dándote las claves para entender a tus hijos y sus conductas y necesidades, acompañándolos en sus procesos de crecimiento desde el amor incondicional. Es práctico y revelador. Se lo recomiendo a todas las familias que busquen educar en el respeto y amor incondicional. Inma es una gran guía, el trabajo del grupo y todas las mamás han sido maravillosos, aprendiendo y desaprendido desde la vulnerabilidad y compasión de todas. Reafirmándonos en que el camino es el amor incondicional. Gracias, gracias, gracias.

Elena Jiménez

Soy Elena Jiménez y he sido una de las privilegiadas que ha estado en el reto 21 días «Convierte el enfado en tu aliado». Como madre de 2 niños pequeños, ha sido una experiencia increíble, enriquecedora y, sobre todo, de entendimiento. Ahora entiendo muchos de los comportamientos de mis hijos que asociaba a patrones antiguos. Y saber por qué tu hijo se comporta de una forma, tiene una rabieta o no te hace caso, ¡¡¡es poder!!! También me ha servido para ver el enfado desde otro punto de vista más positivo, controlarlo antes de que explote y evitar muchos conflictos en casa. Y como crecimiento personal, ¡¡ya que puedo aplicar lo que he aprendido en otros ámbitos de mi vida!! No tengo palabras para agradecer a Inma la oportunidad y que haya compartido toda su experiencia y sus conocimientos conmigo. Y, por supuesto, el resto de mujeres maravillosas que han compartido su vida, sus peores momentos y sus logros con el reto. Recomiendo trabajar con Inma de todo corazón.

Bibliografía

REDES, cap. 373: «¿Para Qué Sirven Las Emociones?». www.youtube.com/watch?v=WnKua3J0cuQ

REDES, cap. 373: «Las emociones», entrevista a Paul Ekman. www.youtube.com/watch?v=CTCgyT4t1QY

REDES, cap. XXX, entrevista a Paul Ekman, experto en emociones básicas. www.youtube.com/watch?v=uzaTK2sjgiQ

Bisquerra, R. (coord.); Punset, E.; Mora, F.; García Navarro, E.; López-Cassà, È.; Pérez-González, J. C.; Lantieri, L.; Nambiar, M.; Aguilera, P.; Segovia, N.; Planells, O. (2012): ¿Cómo *educar las emociones? La inteligencia emocional en la Infancia y la adolescencia.* Esplugues de Llobregat (Barcelona): Hospital Sant Joan de Déu. http://faros.hsjdbcn.org/es/cuaderno-faro/como-educar-emociones-inteligencia-emocional-infancia-adolescencia

20 Minutos: «Ekman y el Dalái Lama crean un fascinante atlas de las emociones», (12 de mayo de 2016). http://blogs.20minutos.es/comunicacion-no-verbal-lo-que-no-nos-cuentan/2016/05/12/ekman-y-el-dalai-lama-crean-un-fascinante-atlas-de-las-emociones/

El atlas emocional: www.paulekman.com/atlas-of-emotions/ *Mapa corporal de las emociones.* www.bbc.com/mundo/noticias/2014/01/140102_ciencia_map a_corporal_emociones_np

Alonso Puig, M. (Médico, especialista en cirugía general y del aparato digestivo. Experto en liderazgo y autoayuda). «El impacto de las emociones sobre la salud». www.youtube.com/watch?v=cQzIeJvf3mc (min 13:18).

Jové, R: *La crianza feliz. Cómo cuidar y entender a tu hijo de 0 a 6 años.* La esfera de los libros, Madrid, 2011.

Fernández Valls, T. (coach, formador, coaching estratégico): www.facebook.com/academiadecoachingestrategico/   www.facebook.com/tinofernandezcoaching/

—: «¿Por qué hacemos lo que hacemos y cómo cambiarlo?» https://tinofernandezcoaching.clickfunnels.com/launch-page-1

—: «Las 3 decisiones que marcan tu destino». https://tinofernandezcoaching.clickfunnels.com/launch-page-1- 8397782#

Las 6 Necesidades Humanas (Adaptadas Por Anthony Robbins). Martin.

www.integramasmas.com/las-6-necesidades-humanas-adaptado-de-anthony-robbins/

Tu opinión es importante.

Te invito a que me escribas a info@inmabuitrago.com para contarme lo que piensas de esta obra, lo que te ha aportado…

Es una información muy valiosa para mí.

Puedes conocer y seguir mi trabajo en:

Facebook: www.facebook.com/pg/inmabuitragocoaching/

Instagram: @inmabuitragocoaching

Youtube: www.youtube.com/c/InmaBuitrago/

Índice

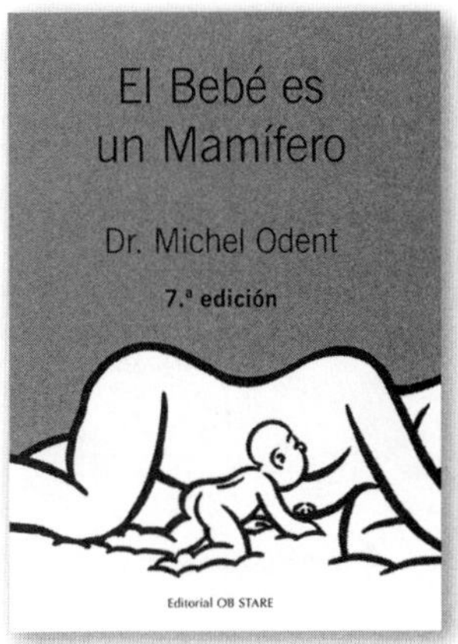

Esta nueva edición de la obra emblemática del Dr. Michel Odent se publica precisamente ahora que se está concretando un nuevo salto hacia adelante, aún más espectacular si cabe que el anterior. Se trata de «la revolución microbioma».

La bacteriología moderna nos lleva inevitablemente a observar que es precisamente el período del nacimiento la fase de la vida moderna que ha sufrido más cambios radicales. Debemos recordar que hasta una época reciente todos los bebés humanos nacían por la vía perineal, cuya característica es su riqueza en microorganismos. Además, habitualmente nacían en el lugar donde transcurría la vida cotidiana de la madre. De modo que el cuerpo del recién nacido era colonizado inmediatamente por microbios familiares para el sistema inmunitario de la madre. Es importante que el cuerpo del bebé sea colonizado en primer lugar por microbios familiares. Ahora bien, hoy día la mayoría de los bebés no nace en un entorno familiar para la madre. Además, una proporción cada vez mayor de la población no nace por la vía vaginal y/o se le administran antibióticos durante el período que rodea el nacimiento. ¡Qué revolución en la historia del nacimiento y en la historia de las relaciones entre Homo Sapiens y el mundo de los microbios!